HISTOIRE
DE LA
CARICATURE
MODERNE

Droits de traduction et de reproduction réservés.

PARIS. — IMP. SIMON RAÇON ET COMP., RUE D'ERFURTH, 1.

PRÉFACE

I

Entre l'*Histoire de la caricature antique* et l'*Histoire de la caricature moderne*, la lacune est immense. Passer des décorateurs grotesques de Pompéi à Daumier est un soubresaut si considérable, que ce manque de transition doit être expliqué pour répondre aux vœux des esprits sympathiques qui me demandaient de combler les vides d'une telle histoire.

Ont été laissées momentanément de côté :

Les danses de mort ;

La sculpture satirique des tailleurs de pierre du moyen âge ;

Les caricatures de la Ligue;

Celles de 1789 et celles de la Restauration.

L'étude de ces diverses périodes demande trop de développements, et si je n'ai pas creusé tout d'abord cette mine féconde, c'est que les efforts d'un chercheur, si acharnés qu'ils soient, ne suffisent pas dans un tel ordre d'idées.

Les lacunes d'une Encyclopédie de la caricature, telle que je la comprends, n'eussent été comblées d'ailleurs que pour la France.

En Asie sont des trésors au fond desquels se trouvent de précieuses analogies du comique qui n'ont été étudiées nulle part jusqu'ici.

L'Allemagne, l'Angleterre, la Hollande, l'Espagne et l'Italie, depuis l'invention de l'imprimerie, ont donné des gages satiriques qui ont leur importance.

Mais quelle tâche! La prendre à ses deux extrémités, aller de l'inconnu au connu, tel a été le cadre naturel qui se formait dans mon esprit pendant que j'étudiais l'antiquité.

Avant de montrer le rôle de la caricature chez les différents peuples et à des époques diverses, j'ai voulu étudier d'après nature les caricaturistes modernes, et voici pourquoi.

La caricature tient un rang très-bas dans l'histoire, peu d'écrivains s'étant préoccupé de ses manifestations; mais aujourd'hui que l'érudit ne se contente plus des documents historiques officiels, et qu'il étudie par les monuments figurés tout ce qui peut éclairer les événements et les hommes, la caricature sort de sa bassesse et reprend le rôle puissant qu'elle fut chargée de jouer de tout temps.

La caricature est avec le journal le cri des citoyens. Ce que ceux-ci ne peuvent exprimer est traduit par des hommes dont la mission consiste à mettre en lumière les sentiments intimes du peuple.

Quelques-uns trouvent la caricature violente, injuste, taquine, hardie, turbulente, passionnée, menaçante, cruelle, impitoyable. Elle représente la foule. Et comme la caricature n'est significative qu'aux époques de révolte et d'insurrection, s'imagine-t-on dans ces moments une foule tranquille, raisonnable, juste, équitable, modérée, douce et froide?

J'écris ces lignes à l'heure où la caricature, à peu près disparue en France, semble morte. Elle ne meurt jamais. Tapie dans un coin, repliée sur elle-même, se nourrissant de ses rancunes comme l'ours vit de sa graisse l'hiver, la caricature dort comme les chats, et au moindre mouvement politique, son œil vert apparaît à travers les cils de ses paupières.

La France a méconnu jusqu'ici le principe de la caricature. L'esprit français, si vif et si malicieux, semble craindre la satire, les inconvénients de la personnalité et ses dures conséquences. Il a fallu que les Allemands et surtout les Anglais nous apprissent à voir et à ne pas regimber contre le grotesque. Ces peuples réfléchis, *protestants* (il ne faut pas l'oublier), durent à leurs principes religieux une faculté d'analyse qui, entrant peu à peu dans l'esprit français, fera germer plus tard de précieuses récoltes. John Bull, pesant mais

réfléchi, s'il n'a pas notre légère spontanéité, creuse un sillon profond lorsqu'il se mêle de railler, et sa grosse plaisanterie, qu'elle soit arrosée d'ale ou de porter, vaut bien celle issue du vin de Champagne.

II

La caricature se manifeste surtout en France, du moyen âge à la révolution. Elle débute par saper le pouvoir des moines et ne s'arrête qu'à la mort du roi en 1793.

C'est un art grossier, cynique, un art sans art, curieux pourtant comme expression de sentiments de révolte d'un peuple qui se réveille.

Du onzième jusqu'à la fin du dix-huitième siècle, je constate de précieux monuments laissés par la caricature, je ne vois pas le caricaturiste.

Le peuple n'a pas encore choisi un défenseur hardi, en lui disant : « Tu seras roi. »

Le premier roi fut un Anglais, un homme puissamment organisé, un peintre et un moraliste, Hogarth, le véritable père de la caricature qui, ce jour-là, élevée par un grand artiste, put inscrire le nom de son initiateur à côté de ceux de Fielding et de Swift.

Cet homme de génie, dont les compositions compliquées appartiennent autant à la littérature qu'à la peinture, ne trouva de successeur ni en Angleterre ni en France. Gillray, Rowlandson, les Cruikshank ne le firent pas oublier ; et en France Debucourt, Carle Vernet, Henry Monnier n'effleurèrent que des ridicules superficiels.

Nous sommes toujours petits-maîtres avec des ostentations de délicatesse ; toutes sortes de ménagements garrottent nos esprits, les forcent de se plier au goût du jour et nous empêchent d'oser, tant nous craignons de paraître choquants. Aussi que de concessions à une nation qui fait de la personnalité un crime! Et combien de coins n'est-il pas nécessaire d'entasser dans l'opinion, avant que, vaincue, elle reconnaisse son maître!

L'humanité ne pardonne pas à ceux qui dévoilent ses faiblesses, ses mensonges et ses laideurs. L'homme s'irrite de trouver sans cesse sa figure réfléchie par un miroir où n'apparaissent que ses difformités morales. Qu'on se raille de lui légèrement, mais il ne faut pas trop appuyer.

— Est-il intéressant, s'écrient les délicats, de représenter ces laideurs?

Chétifs estomacs qui ne peuvent digérer la raillerie, ou plutôt braves gens qui ayant peur pour eux affichent d'extrêmes délicatesses.

Qu'il serait curieux de connaître la vie intime d'un Lucien qui ne respecta ni prêtres, ni dieux, ni vanités, ni prétentions, ni gens *sérieux*, ni hommes *à principes*, et qui traduisit à sa barre les rhéteurs religieux et philosophiques de son temps pour les dépouiller de leurs masques !

« Aussi, s'écrie le satirique, tu vois que de gens me haïssent, et à quels périls ce métier m'expose[1] ! »

Quoique sur un plan plus effacé, le caricaturiste subit une partie de ces dédains. On le méconnaît, on le laisse dans l'isolement. A côté de lui la société facilite le chemin aux nullités peu dangereuses. L'homme n'a de récompense à attendre que de la mort; mais ce jour-là la mort qui ne pardonne à personne et qui brise la couronne des princes pour en montrer la fragilité, ce jour-là la mort, pleine de pitié pour d'honnêtes natures méconnues, leur tend au bout de sa faux la couronne immortelle de la réputation.

[1] Lucien, *le Pêcheur*.

III

La première partie de ce volume aurait pu s'appeler *les démolisseurs de la bourgeoisie;* car la bourgeoisie n'eut pas d'adversaires plus acharnés que Daumier, Traviès et Henry Monnier. Quoi qu'il arrive, et bien que d'autres figures satiriques soient appelées à succéder un jour à *Mayeux*, à *Macaire* et à *Prudhomme*, ces trois types subsisteront comme la représentation la plus fidèle de la bourgeoisie pendant vingt ans, de 1830 à 1850.

Je me suis appesanti volontairement sur Daumier, qui résume à lui seul les qualités de divers caricaturistes du passé. Chez aucun des hommes qui l'ont précédé on ne voit une

LA CARICATURE VENGERESSE,
Dessin de Daumier.

PRÉFACE.

telle fusion de l'art et de la satire. Les uns vivent par l'esprit, les autres par l'observation, ceux-là par l'acharnement; il y a en caricature comme en peinture des primitifs auxquels on ne peut demander que la naïveté. Tous sont importants dans l'ordre historique; mais nul ouvrage spécial n'existant sur la plupart de ces artistes qui ont leur importance, j'ai cru devoir leur réserver la seconde partie du livre actuel, quoiqu'ils n'aient pas trouvé de type, à encadrer dans la lucarne où la nation veut contempler une sorte de Quasimodo grimaçant.

Ces esprits enfantent sans cesse des types et ne trouvent pas un type. Par l'ensemble de leur œuvre on retrouve, non pas la nation, mais ce que voulut être la nation.

Ce sont ces différentes individualités que j'ai étudiées dans leur essence. Si j'ai fait pencher le plateau de la balance, ç'a été en faveur d'humbles artistes dédaignés qui n'ont pas eu de leur vivant la part de gloire et de fortune qu'ils méritaient.

Pour bien faire comprendre le rôle de la caricature à notre époque, j'ai d'abord décrit des images dans une Revue sans images, m'étant donné la tâche de rendre visibles avec la plume les accentuations d'un puissant crayon. Le public a paru s'intéresser à ces études, sans doute en raison des secousses politiques des vingt dernières années qui n'ont pas permis à la caricature de conserver son trône.

Déjà les choses et les hommes que je peignais appartiennent à des époques lointaines.

1830, étudié d'après les monuments de l'art satirique est de l'archaïsme.

Le sujet était brûlant. Je me suis efforcé d'en adoucir la flamme, n'attendant d'approbation que des esprits désintéressés.

Rapporteur dans le procès que la caricature intenta aux partisans du gouvernement constitutionnel, il était délicat d'imposer mon jugement; rien qu'en analysant l'œuvre des caricaturistes, on court risque de blesser des personnalités qui méritent la pitié et le respect.

J'ai dû particulièrement me tenir en garde contre toute allusion. Les piqûres d'épingle irritent sans blesser et ne valent pas une franche attaque.

Ce livre est un ouvrage d'érudition, dont le but est d'éclairer les œuvres de ces symbolisateurs sans le savoir qu'on appelle des caricaturistes, importants à consulter comme expression de sentiments généraux.

Emprunter des armes à leur arsenal pour martyriser des individualités dont la satire était légitime à l'époque de leur puissance, eût rendu mesquin et lâche ce qui fut quelquefois fort et courageux.

Je me suis efforcé de garder ma neutralité, prenant garde surtout de faire corps avec un parti, car je n'en reconnais qu'un, difficile à diriger, qui se révolte quelquefois dans son isolement. C'est le seul auquel j'obéisse, c'est le parti de moi-même.

CHAMPFLEURY.

ROBERT MACAIRE

HONORÉ DAUMIER

HONORÉ DAUMIER

I

La Restauration venait de sombrer; les derniers coups de fusil étaient tirés en l'air. Charles X s'enfuyait en exil, poursuivi par la caricature qui se vengeait d'avoir été longtemps bâillonnée. Un nouveau roi montait sur le trône, moitié contraint, moitié de bon gré, semblant avoir reçu de l'exil et d'une vie difficile l'éducation nécessaire aux princes. Appuyé sur le parti libéral, le duc d'Orléans, libéral lui-même, appelait aux affaires les hommes d'opposition, les membres des sociétés secrètes, les anciens carbonari, qui tous conspiraient depuis longtemps sans danger, car la France entière conspirait avec eux.

Mais à l'écart se trouvait un groupe de jeunes hommes mécontents qui fronçaient le sourcil à l'idée de « la meilleure des républiques. » La nouvelle royauté, ils la disaient escamotée et ils rêvaient une république idéale qui, à dix-huit ans de là, devait apparaître honnête et modérée, mais sans force et sans idéal.

Ces démocrates payèrent de leur liberté leurs aspirations à la liberté, et leurs croyances de leur sang versé sur les barricades, pendant que, suivant la caricature, d'autres plus habiles, avides d'honneurs, de dignités, de places et de portefeuilles, grimpaient au mât de cocagne de l'ambition.

Les bourgeois étaient appelés aux affaires, gens prudents, portant un drapeau sur lequel était écrit : *Enrichissez-vous*. Deux mots qui sonnent mal aux oreilles de la jeunesse.

Pendant cinq ans ce fut une guerre acharnée de la démocratie contre la royauté. Attaques à coups de plume, à coups de crayon, à coups de fusil. L'insurrection était en permanence dans le journal, dans le livre, dans les rues : elle bouillonna cinq ans et fut cinq ans à rentrer dans son lit. Le roi supporta philosophiquement ces tempêtes ; mais les hommes qui entouraient Louis-Philippe signalèrent

LE MAT DE COCAGNE DES AMBITIEUX

Dessin de Daumier.

le danger que courait avec le chef de l'État le gouvernement constitutionnel.

Défenseurs de la royauté, eux non plus n'étaient point épargnés. Ils traînaient le boulet de leur position, titres, grades, conduite passée, actes antérieurs étant sans cesse mis en lumière par des adversaires qui vengeaient leurs amis enchaînés et montraient debout la Révolution sans cesse armée.

Chaque jour qui s'écoule permet de juger avec impartialité un roi qui reçut sans sourciller tant de vives attaques. Il faut consulter les journaux, les pamphlets, les caricatures du temps, pour se rendre compte des violences de la démocratie.

Louis-Philippe s'imaginait qu'on gouverne avec un parapluie pour sceptre et qu'il suffit de l'ouvrir pour se garer des orages insurrectionnels.

Ce brave bourgeois (car il fut le premier bourgeois de son royaume), sans faste et sans façon, distribuait des poignées de main aux gens qu'il rencontrait sur son passage; coiffé d'un chapeau gris, il allait visiter ses bâtisses, ayant la manie de bâtir.

Bon homme, au fond, appelé à gouverner un peuple ingouvernable, et à qui manqua le royaume d'Yvetot. La fin sinistre de Philippe-Égalité eût dû servir de leçon au fils : un moment d'ambition lui fit oublier les leçons de l'expérience, de la pauvreté, de l'exil.

La politique de Louis-Philippe se résume dans les mots inscrits au fronton de la Charte : *Liberté, Ordre public*. En effet, le roi tenait pour la liberté, « une sage liberté [1]. » Les violences des partis, la complicité des journaux, les conspirations, les émeutes, les attentats réitérés, obligèrent les ministres à créer les lois de septembre, et on verra, par l'œuvre de l'artiste que j'étudie, que ces lois semblaient nécessaires, tant les attaques devinrent hardies et menaçantes.

Le gouvernement de Louis-Philippe est surtout résumé par le mot *ordre*, qui est resté dans la langue politique et a survécu aux diverses révolutions. Combien de gens se vantaient alors dans les proclamations d'être « *des hommes d'ordre ?* » Pourtant les gardes nationaux « *amis de l'ordre* » furent ceux qui, en 1848, poussèrent le plus vivement

---

[1] Les caricaturistes imaginèrent un blason de fantaisie dont chaque détail pouvait se diviser ou être réuni pour former les armoiries royales. C'était au sommet du blason la Paix inévitable; un Chapeau encocardé reposant sur une Trique; une Poignée de main; des Chaînes; un gros sac d'Écus; une paire de Ciseaux; un Pain de sucre; un Rat grignotant, etc. Sorte de rébus dont chaque symbole signifiait la paix à tout prix, la couronne bourgeoise défendue par les gourdins des sergents de ville, l'affabilité royale, l'emprisonnement des républicains, la censure, la bourgeoisie du quartier des Lombards, l'amour de l'or, etc.

à la chute du gouvernement de Louis-Philippe.

Ces mots abstraits, dont les hommes officiels se servent avec tant de complaisance, deviennent grotesques par leur répétition et leur singulier emploi.

« *L'ordre* règne à Varsovie ! » s'écriait à la Chambre des députés un ministre dévoué au gouvernement constitutionnel.

Le lendemain paraissait une planche sinistre représentant les Polonais massacrés dans les rues. « L'ordre règne à Varsovie ! »

Louis-Philippe, fidèle observateur de la maxime : *Abstiens-toi*, eût pu prendre pour devise : *Chacun chez soi*. Les proverbes sont, a-t-on dit, la sagesse des nations : ils ne sont pas la sagesse des souverains.

Le roi aimait son peuple, cherchait à le rendre heureux, se refusait à intervenir dans les affaires extérieures, et tenait à honneur de ne dépenser ni l'argent ni le sang de ses sujets. Les peuples ressemblent à certaines femmes qu'on ne saurait mener par la douceur : ils crient, se répandent en plaintes, maudissent le gouvernement, ils veulent sentir le joug.

Or, Louis-Philippe, qui désirait faire croire à l'utopie de *régner sans gouverner*, en arriva à mécontenter tellement ses partisans les plus dévoués, qu'à un moment, presque tous, amis et ennemis, firent cause commune contre lui.

Il serait difficile de trouver dans la glorieuse littérature de cette époque des sympathies pour un règne dont le peintre principal fut Balzac, qui, repoussé, incompris, laissa échapper des cris de colère contre un gouvernement préoccupé exclusivement d'intérêts matériels.

L'avenir ne consulte pas toujours les historiens proprement dits. Un cri de Balzac, une scène d'Henry Monnier, les feuilles éparses d'un Daumier sont, des notes importantes qui entrent dans le dossier d'un règne : ce sont les dépositions de ce dernier témoin que j'ai consultées patiemment, plus préoccupé d'art que de politique, attiré par un robuste crayon, cherchant les raisons cachées qui faisaient agir ce crayon.

Denys, tyran de Syracuse, désireux de connaître les lois et les mœurs des Athéniens, Platon lui envoya les comédies d'Aristophane.

Qui veut se rendre compte aujourd'hui de l'époque de Louis-Philippe doit consulter l'œuvre de Daumier.

PROLOGUE DE LA COMÉDIE BOURGEOISE

Dessin de Daumier.

II

Il existait en 1814, à Marseille, un honnête vitrier, nommé Jean-Baptiste Daumier, qui cultivait la poésie et que de maladroits enthousiastes engagèrent à tenter la fortune littéraire à Paris. Naïf comme une nature méridionale, le vitrier se laissa prendre aux fumées de la gloire. Peu fortuné, chargé de famille, il avait vécu jusque-là de la vie facile du Midi, travaillant tout le jour et passant ses heures de loisir dans une petite bastide, aux environs de la ville. Ainsi, laissant aller son âme aux balancements des flots, il trouva une sorte de veine poétique que les tristes réalités de la vie parisienne devaient bientôt tarir.

L'académie de Marseille y perdit un poëte qu'elle

comparait complaisamment à Goldsmith. Paris y gagna un rude peintre de mœurs.

Et c'est ici que commence la mélancolique complainte du père de Daumier.

Sans instruction, lisant tout livre qui lui tombait sous la main, le vitrier, nourri de Jean-Jacques, des traductions de Delille, des tragédies de Racine et des œuvres de Condillac, devait donner au public le fruit de ce singulier mélange de lectures, qui aboutirent à un poëme champêtre, à des odes, à une tragédie[1].

Rien que l'épigraphe en tête du volume donne le ton de la chanson :

> Heureux si, plus docile à mon humble fortune,
> Je n'avais parcouru que la route commune
> Où disparurent mes aïeux.

A Marseille, Jean-Baptiste Daumier, influencé par un ciel pur, aimé de ses concitoyens, ignorant les difficultés de la vie, avait trouvé dans la peinture d'une *Matinée de printemps* quelques vers descriptifs heureux :

> Les matins du printemps sont chers à la nature :
> C'est au lever du jour que plus vive et plus pure
> La sève de la tige inonde les canaux,
> Et d'un jeune feuillage enrichit les rameaux.

[1] *Les Veillées poétiques*, par J. B. Daumier (de Marseille); Paris, Boulland, 1823, 1 vol. in-12.

A Paris, le poëte abandonna les pipeaux champêtres, pour débarquer aux rivages divins de la tragédie :

> Oui, prince, après dix ans d'une absence cruelle,
> Vous retrouverez en moi cet ami plein de zèle,
> Tel qu'on le vit toujours, avant que les destins
> L'appelassent, sans vous, vers les bords mexicains[1].

Mais la fortune ne sourit pas à l'artisan déclassé; « cependant, dit-il, quelques personnes recommandables voulurent bien m'admettre à lire mes vers dans des cercles nombreux, où se trouvaient réunis des hommes connus par leur rang élevé, leur goût et leur talent. »

Il n'est si mince poëte qui ne traite d'égal à égal avec les rois. Jean-Baptiste Daumier adressa une ode à Louis XVIII :

> Chantre timide et solitaire,
> A peine je quittai les guérets et les bois,
> Que du printemps ma muse tributaire
> Osa chanter pour l'oreille des rois..

Une autre ode fut aussi envoyée à une célébrité d'alors, l'auteur de *la Gaule poétique*, l'illustre avocat général M. de Marchangy :

> Sans cesse, du discours déployant la puissance,
> Ta voix mêle à son gré la force à l'élégance;
> Le dieu du goût préside à tes doctes leçons,
> Et tu sèmes pour nous d'abondantes moissons.

[1] *Philippe II*, tragédie. Voir Recueil précité.

Encore une ode fut adressée à l'empereur de Russie :

> Heureux si, plus docile à mon humble fortune,
> Je n'avais parcouru que la route commune
> Où disparurent mes aïeux,
> Et si le fol amour d'une gloire frivole,
> Aux magiques faveurs de cette vaine idole,
> N'eût point fixé mes vœux.

Mais combien la fin est touchante qui peint les déboires de cette honnête nature!

> Riche de mon ignorance,
> Dans ma douce obscurité,
> Je vivrais sous l'influence
> Du beau ciel que j'ai quitté.

En 1846, à l'époque où Jean-Baptiste Daumier dépensait ses économies à faire imprimer le malencontreux volume de poésies, se jouait dans la maison un petit garçon âgé de six ans, qui de son crayon devait traduire en prose brutale les mœurs contemporaines.

Grâce au petit poëme d'*une Matinée de printemps*, le père avait été désigné par les académiciens de Marseille comme le successeur d'un Bloomfield, qui, dans *le Valet de ferme*, chantait, pour la première fois, le charme de la vie des champs. Le fils du vitrier devint une sorte de Burns révolutionnaire.

Le poëte adressait des vers au fameux avocat

général qui faisait condamner Béranger. Toute la verve du peintre fut employée contre les avocats et les « gens du Palais. »

Le père adressait des odes aux souverains. C'était sous de singuliers traits que le caricaturiste verrait plus tard les courtisans, les princes et les rois.

Jean-Baptiste Daumier composait péniblement une tragédie. De quels ridicules Honoré Daumier affubla plus tard tout ce qui touchait à la machine tragique!

Les pipeaux du père étaient doux et tendres, le crayon du fils fut énorme et violent.

Tel père, tel fils. Du côté de l'art, le proverbe fut menteur; mais où le père et le fils se ressemblèrent, ce fut par une vie insouciante, un fonds de philosophie, un manque absolu d'ambition, une existence vouée à un rude labeur.

III

On lit dans *la Caricature* du 30 août 1832 :

« Au moment où nous écrivions ces lignes, on arrêtait, sous les yeux de son père et de sa mère, dont il était le seul soutien, M. Daumier, condamné à six mois de prison pour la caricature du *Gargantua*[1]. »

Tel fut le début dans la vie d'un jeune homme qui, par amour de l'art, avait quitté une maison de librairie où il était employé; mais il serait difficile de reconnaître dans ce faible essai de *Gargantua* le crayon viril qui allait entrer si profondément dans le moderne.

Il s'agit du roi qui avale de gros budgets et des

[1] Un jeune écrivain me fait remarquer le hasard qui poussa un caricaturiste d'essence rabelaisienne à débuter par une planche intitulée *Gargantua*.

pâtés-dotations que de petits mirmidons habillés en ministres lui font passer. Quand on regarde les caricatures fielleuses qui ne reculaient à cette date devant aucune audace pour battre en brèche la royauté, on s'étonne qu'une si médiocre composition, qui ne brillait ni par la pensée, ni par l'exécution, fût déférée au parquet.

La force a ses priviléges. Un dessin robuste n'eût pas été poursuivi. Le parquet incrimina la pauvre lithographie, et Daumier, condamné à quelques mois de détention, fut adopté dès lors par un parti ardent qui cherchait partout des recrues.

Avant de dire quel était ce parti, il faut montrer que de cette condamnation germa sans doute la raillerie persistante des *Gens de justice*, que Daumier étudiait de son banc de prévenu.

Ce procès n'a laissé d'autres traces que quelques lignes dans les journaux judiciaires du temps;

l'accusé n'avait pas de nom. Il dut paraître froid et timide aux débats.

La magistrature ne se doute pas quelles rancunes emplissent le cœur de certains prévenus qui savent à peine répondre un mot aux questions du président, écoutent avec stupéfaction les périodes arrondies du procureur du roi et baissent la tête sous l'arrêt.

Ces brebis ont des révoltes immenses à l'intérieur; elles se soumettent à la force et ne la reconnaissent pas.

« On a trois jours pour maudire ses juges, » est une maxime que les esprits réfléchis ne mettent pas en pratique. Toute humiliation passe dans leur sang et y laisse une amertume que rien ne saurait enlever. Un la Bruyère à la cour, un le Sage chez un traitant, un Daumier à la barre de la police correctionnelle n'oublient pas! Et un jour ces natures délicates se débarrassent des injustices qu'elles ont ou croient avoir subies.

Les « gens de justice » occupent une grande place dans l'œuvre de Daumier. A l'heure qu'il est, plus de trente ans après sa condamnation, le maître remplit Paris de claires et ironiques aquarelles qui sont la représentation de personnalités déjà lointaines, la magistrature nouvelle ayant laissé de côté les roideurs impitoyables de l'ancien parquet [1].

---

[1] Et où trouverai-je une meilleure occasion de remercier parmi les critiques qui ont agrandi l'horizon de l'Encyclopédie de la satire que je tente, un magistrat distingué, ami des lettres, M. Charles Desmaze, conseiller à la Cour impériale?

AVOCAT

Croquis de Daumier.

IV

La révolution de 1830 eut le privilège de mettre en lumière, dans les lettres et les arts, des forces de toute nature qui n'avaient pas trouvé leur voie jusque-là et s'agitaient impatiemment. La liberté surtout donna l'essor à une bande de caricaturistes, au milieu desquels se dresse un homme dont il est bon de parler, car son œuvre ne parlerait pas pour lui.

Dessinateur obscur sous la Restauration, cet homme était dévoré intérieurement d'une flamme qui devait, bien avant 1848, mettre le feu au trône des Tuileries. On l'appelait Philipon : Louis-Philippe n'eut pas de plus violent adversaire. A partir de 1831, ce fut une guerre acharnée entre le roi et lui. Il avait fondé *la Caricature*, redoublant d'audace de jour en jour, jusqu'à ce que les amis du roi le forcèrent à brider cette terrible liberté de la presse que Louis-Philippe n'osait restreindre, l'ayant inscrite au fronton de la Charte.

Peu d'hommes furent plus condamnés que Philipon : les condamnations lui donnaient du ressort. C'était une activité fébrile[1]. Il ne dessinait plus, ayant reconnu que là n'était pas sa gloire, mais il dirigeait les crayons d'un groupe nombreux, appelait à lui les jeunes gens, leur insufflait sa flamme, donnait des idées à ceux qui n'en avaient pas, devinait la nature de pauvres garçons qui s'ignoraient, leur servait de bouclier et répondait pour eux à la cour d'assises, où il tenait des discours de rapin enragé. C'est à Philipon qu'on doit le développement de Grandville et de Daumier; il tenta d'enlever quelques peintres à leur palette : Decamps, Bouquet, Raffet; poussa en avant des natures incomplètes, telles que Traviès, et n'eut qu'une médiocre action sur Henry Monnier et Gavarni.

Dans cette Revue curieuse de *la Caricature*, les premières années du règne de Louis-Philippe sont tracées minute par minute. Les crayons ne s'ar-

---

[1] Voir l'Appendice à la fin du volume.

rêtent plus. Et quels crayons! C'est le roi qu'on épie dans tous les actes de sa vie privée, de sa vie publique, et avec le roi, ses enfants, ses intimes, les dignitaires, les pairs de France, les députés, les ministres. On croit assister à un défilé de masques cruels qui récitent un catéchisme poissard politique.

Comme une crécelle, Grandville fait entendre son cri sec, amer et froid : car Grandville eut une implacable puissance d'agression, d'autant plus puissante qu'elle est plus froide. Ses cortéges du gouvernement constitutionnel resteront comme les gravures de la procession de la Ligue : même art sauvage, même sécheresse.

Tout Grandville est dans l'idée; aussi mourut-il de l'idée[1].

Un autre homme avait un sens artistique plus raffiné, Henry Monnier ; mais ses grisettes, ses célibataires, ses employés appartiennent à la peinture de mœurs.

Henry Monnier, observateur sans fiel, pourvu qu'il puisse dessiner, écrire ses *scènes populaires*, jouer la comédie, réciter à table quelques *charges*, ne s'inquiète guère de la forme du gouvernement. Si par hasard il trouve la symbolique figure de

---

[1] Voir l'Appendice.

Monsieur Prudhomme, ce n'est pas un artiste dont l'âme vibre aux bouillonnements de la démocratie. Deux rentiers qui se rencontrent et tiennent d'interminables conversations sont son idéal.

Decamps tira quelques coups de fusil sur Charles X et peignit la Liberté enchaînée ; mais le prix attaché à ses compositions par les collectionneurs ne prouve pas que le peintre des Turcs et des singes était doué d'un vif esprit satirique.

Gavarni échappa, lui aussi, à l'influence politique

de Philipon. Rare organisation, intelligence scientifique, nourri de littérature, Gavarni eût pu devenir un savant, un romancier, un poëte, ou jouer le rôle d'un Brummel. Il resta Gavarni, et son œuvre a l'élégance du nom qu'il choisit; mais Gavarni non plus n'est pas un caricaturiste[1]. Peintre de la

jeunesse, des étudiants, des amours faciles, des Mimi Pinson, il y a en lui du Balzac, du Musset, et il fait pressentir Mürger.

[1] Voir l'Appendice.

L'âme en peine de ce groupe fut Traviès, l'inventeur de Mayeux.

A la recherche d'une individualité qu'il ne trouva pas; préoccupée du grand et du beau (une maladie commune à beaucoup d'esprits satiriques), cette

pauvre nature écrasée entre deux forces nouvelles, tantôt s'appuyait sur Daumier, tantôt se penchait vers Gavarni.

Souffreteux et mélancolique, Traviès, qui avait l'instinct des laideurs populaires, les abandonna, attiré tour à tour par l'élégance de l'un et la puissance de l'autre. Je l'ai surpris plus d'une fois maudissant ses crayons lithographiques et demandant au ciel des inspirations qui n'en descendaient pas pour l'achèvement de grandes toiles religieuses, où dans un coin obscur quelque symbole vague était caché.

Tels étaient les principaux chefs de cette petite armée, à la suite de laquelle se pressaient divers braves gens, un Pigal[1] (qu'on s'imagine Paul de Kock derrière une barricade), et enfin, pour n'omettre personne, un lithographe, Ramelet, qui prêtait à Daumier, en prison, l'assistance de son crayon.

Tous vaillants combattants qui eurent besoin pourtant d'être stimulés dans une guerre d'escarmouches par l'invention et les incessantes taquineries de Philipon.

[1] Voir l'Appendice.

A l'époque où Daumier rencontra Philipon l'initiateur, déjà l'artiste cherchait sa voie, publiant chez les marchands d'estampes quelques feuillets timides qui ne font pas pressentir le satirique de 1833. Ce sont des dessins politiques minces et sans portée, des imitations de caricatures en vogue, une main de seconde main.

J'ai sous les yeux des croquis militaires inspirés de Charlet, que le jeune homme publiait dans des journaux[1], où toujours il se rencontrait avec Balzac, qui, lui aussi, écrivait, ayant la pierre à fusil et

---

[1] *La Silhouette*. Avec quelques titres de romances et quelques pierres commandées par Ricourt, alors éditeur d'estampes, on suivra les premiers pas dans l'art de l'ex-commis libraire.

non le briquet. Ni l'un ni l'autre de ces deux hommes ne pouvaient être devinés par leurs essais; mais l'ardente nature du compatriote de Puget allait éclater vivement, associée aux derniers efforts de la démocratie.

On crut voir d'abord dans Daumier un dessinateur de portraits, et en cette qualité Philipon lui confia le soin de reproduire les traits de quelques-uns des pairs de France contre lesquels la lutte allait commencer.

Le premier qui fut atteint était le vieux Lameth[1]. Il avait traversé les orages de la Révolution; il n'avait pas entrevu de pareils dessins. Le pouce du dessinateur est entré dans ses chairs comme dans une vieille pomme cuite : ce ne sont plus des rides qui sillonnent la face ni des bosses qui la déforment, c'en est l'idéal. L'exagération de la laideur par un crayon brutal comme un coup de poing fait penser aux croquis dessinés par Delacroix d'après des médailles antiques.

---

[1] Charles de Lameth avait fait en 1789 une rude guerre à la royauté et à la noblesse, qu'il confondait sous la dénomination d'*attirail aristocratique*.

Lameth, en 1832, est un ennemi acharné des *institutions républicaines*, qui *hurlent* de se trouver accouplées au mot *royauté*. Il défend avec emportement les *prérogatives monarchiques*, attaque la *liberté de la presse* et se constitue le champion des *dotations de pairs*.

A cette époque, l'art avait inscrit la violence sur son drapeau : le mouvement était opposé au calme, le passionné au froid, le laid au beau. Tel est le propre des révolutions d'agir à la fois sur l'art et sur la politique.

Ce portrait du vieux Lameth fut une révélation; dès lors, Daumier passa en revue les principaux pairs de France, en faisant des reliefs qui semblent détachés d'une colonne Trajane de la royauté constitutionnelle. Ce n'est plus un crayon, non plus un ébauchoir, c'est un pouce qui marque profondément la pairie. En effet, il serait difficile de se rendre compte de l'étrange façon de procéder du caricaturiste, si je ne disais que Daumier assistait aux séances de la Chambre des pairs, un morceau de terre glaise en main, modelant sur nature de petits bustes, d'après lesquels il lithographiait ses planches[1].

Daumier craignait sans doute que son crayon ne fût impuissant à suivre les ravins creusés sur ces figures par les passions politiques ; mais le modelé du crayon, plus étrange, s'il est possible, que le modelé de la terre glaise, montre la haine profonde que les jeunes républicains portaient aux défenseurs de la royauté.

[1] Ces bustes curieux, coloriés par le maître, ont été heureusement conservés par M. Eugène Philipon.

CROQUIS DE DAUMIER

D'après ses bustes.

Tous les amis et familiers du château y passèrent : les ministres, les députés, les procureurs généraux, les présidents de chambre, ceux qui votaient les dotations, les fonds secrets, les budgets, ceux qui voulaient arrêter les insurrections des rues, ceux qui craignaient pour la vie du roi exposé à tant d'attentats, ceux qui soufflaient sur la flamme des journaux démocratiques pour l'éteindre. Tous ont été marqués d'épithètes violentes : *centriers*, *gras*, membres de la *chambre prostituée*. Ils sont tous dans cette galerie ouverte aux figures noyées dans la graisse, aux gros ventres, aux articulations engorgées.

C'était l'époque des gras. La bourgeoisie avait du ventre, et la jeunesse ne trouvait pas de railleries assez aiguës pour caractériser cette graisse, amie de la prudence.

On est étonné aujourd'hui de la violence des journalistes du temps, qui ne se préoccupaient ni de finesse ni de distinction. L'insulte est en permanence depuis le titre du journal jusqu'à la signature de l'imprimeur; et les passions injustes ne s'apaisaient pas quand Louis-Philippe échappait aux balles d'un pistolet ou d'un fusil à vent : c'était l'accusé qu'on plaignait et non la famille en alarmes de l'honnête roi.

Il est difficile de juger froidement ces époques de

luttes. 1789 appela la bourgeoisie aux affaires, et la jeunesse démocratique, qui avait sans cesse sous les yeux la Déclaration des droits de l'homme et en regard les portraits des hommes de la Révolution, trouvait que les fils des acteurs du grand drame avaient remplacé les lèvres minces et les profils aigus du tiers état par des bouffissures de graisse, comme aux hymnes guerrières des batailles de la République succédaient les bavardages constitutionnels.

Chaque jeune homme, en 1830, fut touché d'une dernière étincelle de la Révolution; les médiocrités elles-mêmes, les timides et les brebis. Quelle force ajouta-t-elle aux natures vraiment fortes! Plus qu'un autre, Daumier sentit son génie s'y développer; aussi, de 1831 à 1834, le rôle de l'artiste fut considérable, attaché à trois publications importantes : *la Caricature, le Charivari* et *l'Association mensuelle lithographique*.

Dans le premier de ces journaux, d'abord la plume prit le dessus, et le premier caricaturiste fut Balzac; mais sa plume était mince à côté des crayons qui bientôt envahirent le terrain. Après un an d'escarmouches contre la cour citoyenne, Balzac se retira sans oublier la Revue qui l'avait aidé à vivre[1].

[1] On retrouve son nom et son offrande dans une liste de souscrip-

Daumier et Balzac se connurent au journal. « Si vous voulez avoir du génie, disait l'écrivain au jeune artiste, faites des dettes. »

Toutefois une intimité ne s'établit pas entre ces deux hommes, Balzac étant plutôt frappé par les exactes réalités d'Henry Monnier et les aspirations à l'élégance de Gavarni.

A vrai dire, Daumier n'avait pas encore donné sa mesure. Mais si Balzac remarqua les admirables portraits de Bastien et Robert, les assassins de la rue de Vaugirard, certainement le romancier s'écria que, plus tard, ces croquis seraient classés dans les portefeuilles des physiognomonistes et des phrénologistes.

Les yeux de Bastien sont cachés derrière les lunettes bleues de l'homme d'affaires véreux. Le nez est petit et rusé, la bouche animale; l'accusé se présente devant la cour, protégé par une cravate blanche. C'est l'inventeur du drame. A côté de lui, son complice Robert, au crâne aplati, où sont inscrites les qualités de la bête : la rudesse, la résolution.

On se rappelle peut-être que les deux assassins

---

tions en faveur du journal condamné. Balzac pauvre, donnant vingt francs pour aider Philipon à payer son amende, est un Balzac nouveau, car le romancier savait le prix d'un louis, et tout ce qu'il y a d'indépendance dans un louis au fond d'un gilet.

avaient enterré dans un jardin le cadavre d'une vieille femme, et au moment où la prescription allait couvrir leur crime, une parole imprudente de Bastien, qui sans cesse harcelait Robert de demandes d'argent, mit la justice sur les traces de l'assassinat.

Quel drame que celui du squelette de la victime apporté tout à coup la nuit en cour d'assises! Tout jeune, je suivais avec émotion les détails des débats dans *la Gazette des tribunaux*, comme aussi je m'intéressais aux procès politiques et aux caricatures. Trente ans après, caricatures, portraits et procès se dessinent si nettement dans mon esprit que je crois *voir*, avec son bout de corde autour du cou, le sinistre squelette, que Daumier a symboliquement dessiné au-dessous du masque des assassins.

Un esprit distingué faisait remarquer que les meilleures traductions sont celles données du vivant des poëtes. *Clarisse Harlowe* a besoin d'être traduit au dix-huitième siècle, à cause de certaines nuances de sentiment contemporain, que ne peuvent rendre plus tard les traducteurs les plus exacts. Certains mots, certaines tournures qui passeront de mode, doivent être fixés sur l'heure comme les sonates d'un Haydn gagnent à être exécutées sur un clavecin.

Élevé avec les dessins de Daumier, j'espère en rendre nettement la portée. J'ai vu Louis-Philippe et les hommes qui l'entouraient ; j'ai suivi les procès des républicains dans les gazettes du temps. Et si je ne fais pas bien comprendre le génie de l'artiste, c'est que l'expression mentira à ma pensée.

Un des plus nets portraits de l'œuvre de Daumier est celui de M. Persil, magistrat sec, froid, anguleux, aux chairs luisantes et blêmes, aux yeux caves.

Le nez est long, droit, mince ; les mèches de cheveux fins et pointus se dressent comme des moustaches de chat aux alentours des yeux ; la ligne courbe de favoris soigneusement taillés disparaît dans les profondeurs de la robe. Toute la partie molle du masque semble avoir été rongée par l'ambition ; les chairs vertes sont collées sur des os tranchants comme le couteau oblique que le portraitiste a dessiné en blason sous le portrait. Une tête coupée, des chaînes, des menottes, complètent ce cruel symbole.

Le procureur général a obtenu de nombreuses condamnations contre la presse ; il a fait jeter des démocrates en prison, il a appelé sur la tête des révolutionnaires de sanglants châtiments. Telle est la puissance de la caricature, que ce nom, ce masque, ce sanglant blason, restent à jamais dans le souvenir[1].

Un si terrible portrait fait trembler. Ici, plus de ces lymphes dont la caricature chargeait les défenseurs du roi. Le dessin est impitoyable comme la maigreur du procureur général.

M. Persil fut une puissance; ce n'est plus qu'un masque. Un jeune artiste avec son crayon arrive aux reliefs des médailles, et ce crayon, rien ne peut l'effacer. La politique du temps est oubliée, la royauté disparait, l'homme meurt; il reste une feuille de papier avec un masque de procureur général. Toujours, dans les moments de trouble, la foule veut voir dans l'accusateur public une figure qui ressemble à ce portrait. L'individu s'efface pour faire place à un type. C'est là ce que

---

[1] Un homme considérable dans les lettres, qui a connu M. Persil, m'envoie cette note:

« M. Persil avait une grande âpreté à la poursuite, à l'accusation et à toute discussion, et cette âpreté se traduisait dans sa voix, qui était sèche, un peu stridente, et qui ne faisait pas mal l'effet d'une scie ébréchée. — Très-honnête homme d'ailleurs, et ayant sacrifié à son entrée dans la politique son cabinet d'avocat, où il gagnait, avant 1830, plus de cent mille francs par an. »

Il est bon d'ajouter qu'à la mort de M. Persil, ses adversaires oublièrent leurs rancunes pour les tourner en plaisanteries. « M. Persil, disaient les petits journaux, est mort pour avoir mangé du perroquet. »

trouvent si rarement les poëtes, les romanciers, les peintres ou les caricaturistes [1].

Les passions politiques d'une époque en excusent les brutalités. Rien de taquin dans les attaques du maître : quelque chose de grand, de gras, de fortifiant.

De l'ensemble de son œuvre se dégage ce qu'un illustre écrivain anglais a dit de l'auteur d'*Hamlet* :

« On trouve dans Shakspeare des colères fougueuses, des paroles qui percent et qui brûlent; mais nulle part la mesure ne déborde ; il n'est pas

---

[1] Par de tels précédents, on pourrait croire que Daumier s'est montré sans cesse rude et impitoyable; il a fait preuve quelquefois d'un sentiment domestique touchant. La *Revue des peintres* (Aubert, édit. 1833-34-35) contient de douces compositions du satirique, plein de pitié pour les pauvres vieillards.

Daumier perdit rarement de vue la peinture, et c'est d'après des aquarelles, *la Malade, la Bonne Grand'Maman*, que furent publiées ces œuvres empreintes tout à la fois de tendresse et de bonhomie.

de ceux dont Johnson aurait pu dire : « Au moins « il excelle dans la haine. » Mais il répand les éclats de rire comme le ciel une averse ; il entasse toutes sortes de sobriquets sur ses plastrons ; il les bouscule, il les houspille au mépris du proverbe : *Jeux de main, jeux de vilain*. On s'imagine qu'on l'entend rire et rire à gorge déployée. Et puis, si son hilarité n'est pas toujours du meilleur goût, elle a le mérite d'être toujours de bon aloi. Il ne raille pas la faiblesse, le malheur, la misère ; jamais ! Aucun homme capable de rire, ce qu'on appelle rire, ne se moquera de ces choses-là. Pour les railler, il ne se trouvera que de tristes natures qui cherchent à se faire une réputation d'esprit. Le rire sous-entend la sympathie ; un franc éclat de gaieté ne s'éteint pas aussi vite que les épines qui pétillent sous la marmite. La moquerie de Shakspeare, lors même qu'elle s'adresse à la prétention et à la stupidité, n'a rien d'acerbe[1]. »

Combien de caricaturistes mesquins font penser aux aboiements des roquets ? Le lion furieux ne perd pas de sa noblesse. Quand Daumier s'attaque à une *figure*, il semble que le respect se glisse dans ses crayons. A diverses reprises, je retrouve dans l'œuvre le profil de M. Guizot, grave,

---

[1] Th. Carlyle, *Des héros, du culte des héros et de l'héroïsme*, traduit par W. Hughes.

pensif, austère. Pourtant Daumier obéit à un mot d'ordre, aux colères d'un parti qui fait du banc des ministres un pilori et sans cesse crie à l'homme : « *Tu as été à Gand;* » mais un jour, quand la postérité recherchera les traits et l'attitude de l'historien devant les injures de ses adversaires, M. Guizot, même dans l'œuvre du caricaturiste, passera pour une noble figure du temps.

M. Thiers a été traité avec malice et sans fiel par le rude crayonneur. Pendant vingt ans, de 1832 à 1852, Daumier l'a mis en scène, et toujours M. Thiers apparaît souriant, malicieux, non sans rapports de physionomie avec le grotesque profil du *Punch* anglais.

Cette vignette de Cruikshank représente Punch battu par sa femme. J'y vois M. Thiers malmené par la caricature ; mais comme Punch, il n'est pas homme à laisser longtemps le bâton dans les mains de son ennemi, et il se pourrait bien que tout à l'heure ce soit lui qui rosse la caricature [1].

[1] Un homme d'esprit tel que M. Thiers pourrait avoir dans son cabinet sa vie politique tout entière crayonnée vivement par un maître qui a fait comprendre la vivace mobilité d'un homme d'État dont la fortune politique fut rapide.

VI

De 1832 à 1835, Daumier reprit sans cesse les mêmes personnages politiques et il est curieux de voir comment il procède à leur égard, commençant d'abord par les mettre en scène dans de petites vignettes en tête du *Charivari*, qui semble ainsi patronné par le président Dubois, Viennet, Prunelle, Vatout, Barthe, Jacques Lefèvre et Benjamin Delessert[1].

Tels étaient les saints adorés dans ce lieu, et telles les statues sous le porche : MM. Pataille, Fulchiron, d'Argout, Sébastiani, Kératry, Royer-Collard, d'Harcourt, de Schonen, Jollivet, Simmer,

[1] Voir les numéros des 17 novembre, 8 décembre, 26 décembre 1833, jusqu'en octobre 1835.

Étienne, Podenas, Soult, Fruchard. Mais l'encens qu'on brûlait sous leur nez dut souvent leur paraître désagréable!

Pendant trois ans, ces saints Sébastien de la politique furent atteints de coups de flèches empoisonnées, et n'en moururent pas. L'opposition les attaquait sans cesse et sans répit à cause de leur fidélité au roi, à cause de leurs lois, à cause de leurs votes, à cause de leurs jugements, à cause de leur zèle, à cause de leur ingratitude pour la démocratie que certains avaient abandonnée[1].

La caricature est un crabe aux mille pinces qui ne lâche plus sa proie. Une fois ces hommes politi-

---

[1] La jeunesse ne prenait pas aussi philosophiquement que le roi les changements d'allures d'anciens conventionnels tels que Barbé-Marbois, le thermidorisé devenu pair de France, ou que M. Barthe, l'ex-carbonaro appelé au ministère, dont Louis-Philippe disait avec un sourire plein de scepticisme à ceux qui lui reprochaient son passé : « Barthe est un converti. »

ques mis en vedette en tête du *Charivari*, ce fut comme un avertissement donné par Philipon à son armée de caricaturistes, que tels étaient les ennemis qu'il fallait représenter sans cesse en buste, en pied, en groupe.

Tout d'abord *la Caricature* publia, sous le titre de *Masques de* 1831, une grande planche, premier essai satirique d'après la plupart des hommes politiques cités plus haut. Daumier (la planche est signée *Rogelin*) débuta par ces essais de portraits comme un enfant dessinant d'après des plâtres antiques. Des masques il passa aux portraits en buste : le *Charivari* de 1833 en contient quelques-uns qui ne sont pas encore du domaine de la caricature.

Voilà des hommes étudiés de près. Daumier les reprendra en pied, dans leur allure habituelle, allant, venant, les mains dans les poches, avec de gros ventres ; rien ne sera omis des allures des familiers de la cour citoyenne, ni les lunettes, ni les perruques, ni le coton dans les oreilles, ni les traces d'élégances de l'Empire, ni les cheveux ébouriffés, ni les grands faux-cols. Portraits plus réels que ceux des tableaux officiels de Versailles. L'amiral de Rigny n'aura jamais de plus fidèle image.

A peine une intention de caricature se fait-elle

remarquer dans le fond d'une planche où apparait le Sosie du vieux Royer-Collard, c'est-à-dire un

habit de pair de France accroché à un porte-manteau, une perruque coiffant le chef du porte-manteau.

M. Barthe, solennel, son portefeuille de ministre sous le bras, soucieux d'affermir le gouvernement nouveau sorti des barricades et ne permettant pas qu'on discute son principe, va proposer la fameuse loi contre la presse. On ne l'oubliera pas. Mais que de fois le bonhomme d'Argout dut sourire des malices dirigées contre son nez!

La haine apparaît plus souvent que l'esprit dans les légendes : voici M. Odiot, qu'un texte violent baptisait *Odieux*[1]. Là s'avance chantonnant, la bouche en chœur, M. Étienne, le Joconde bourgeois, avec un reste de sourire pour les belles, et M. Benjamin Delessert portant des titres de rente sous le bras, et M. Sébastiani irréprochable dans sa toilette, et M. Viennet rageant dans sa cravate. Puis, se présentent les marchands de drap et les marchands de suif appelés aux affaires, les Cunin-Gridaine, les Ganneron.

Que de croquis et d'études partielles, qui devaient aboutir au chef-d'œuvre du *Ventre législatif!*

La belle planche qui représente le banc des ministres et les députés conservateurs, j'hésite à la décrire. La satire sous de tels crayons devient de l'histoire, et la plume est faible à côté du crayon. Dans un banc en arc de cercle se tiennent les ministres, M. Guizot et M. Thiers, M. de Broglie, M. d'Argout, M. de Rigny, etc. Au milieu de l'enceinte, accoudé familièrement sur le pupitre des ministres, le maire de Lyon, M. Prunelle, les che-

---

[1] « Son nom, disait Philipon par un procédé familier aux journalistes du temps, est *Odier;* c'est par erreur que l'imprimeur lithographe a écrit *Odieux*. » (*Caricature*, 20 juin 1835.)

veux emmêlés, les habits fatigués, montre sa familiarité avec les hommes politiques [1]. Derrière les ministres s'étagent en amphithéâtre les gras, étalant leurs ventres dans l'intervalle des bancs.

Qu'on s'imagine une assemblée photographiée, mais une photographie interprétée par une âme ardente! Ce ne sont plus des portraits sur une feuille de papier. Tous ces hommes vivent, remuent, écoutent, regardent comme dans la vie. Le cadre disparaît. C'est un coin de la Chambre avec ses ombres, ses lumières, ses demi-jours, ses transparences.

Ah! le beau génie que ce Daumier et comme la postérité le récompensera d'une telle page!

Nous sommes trop chiches d'enthousiasme, où nous le prodiguons pour des misères. Nos admirations, nous les éparpillons sur des œuvres d'un ordre inférieur, et quand nous sommes en face de fortes conceptions, il ne reste plus de ces cris puissants qui attestent à un homme qu'il est compris!

[1] En regard de ces grotesques d'une apparence si réelle, il faudrait mettre les portraits officiels et choisir la vérité entre les deux. L'instinct qui pousse les curieux à s'arrêter à la porte de chaque marchand de gravures m'a fait rencontrer une belle estampe du maire de Lyon qui joue un rôle si comique dans la galerie ouverte aux conservateurs par Daumier. M. Prunelle n'est plus le personnage ébouriffé de la caricature : son masque représente un homme intelligent préoccupé de graves affaires; les yeux même ne manquent pas d'une certaine vivacité.

VII

Le *Ventre législatif* fait partie d'une collection intitulée : *Association mensuelle lithographique*, autre entreprise de l'infatigable Philipon, qui avait pour but par cette publication de venir en aide aux condamnés politiques. Nombre de dessinateurs furent appelés à collaborer à cette œuvre; et c'est en comparant les compositions de Daumier avec celles de ses camarades, qu'on peut juger de la rare puissance du maître.

Le jeune artiste fournit cinq grands dessins : sur ces cinq, quatre resteront comme la plus haute expression de la lithographie.

Il fallait un vaste cadre à ce crayon qui s'étale magistralement sur la pierre et la transforme en une fresque satirique.

— Ne vous y frottez pas! s'écrie un imprimeur, campé dans un cercle magique où est inscrit : *Liberté de la presse.*

Rien n'est plus prosaïque qu'un imprimeur coiffé du traditionnel bonnet de papier. Et pourtant, que cet homme du peuple est beau, les bras nus, les poings fermés, en garde pour la défense, hardiment campé vers un groupe d'où, brandissant son parapluie, Louis-Philippe se détache menaçant, poussé par un magistrat et retenu par un homme en habit noir qui semble lui dire : « Si vous franchissez le cercle dans lequel se retranche l'héroïque ouvrier, vous serez renversé comme Charles X! » (Un autre groupe du fond symbolise Charles X, ne pouvant se relever malgré l'aide que lui apportent des princes étrangers.)

Daumier apparaît dans ce dessin avec ses puissantes qualités. Son ouvrier imprimeur est fier comme une statue antique; la mâle tournure des figures de bronze a passé dans la représentation d'un homme du peuple. Les mains, comme dans quelques planches de cette époque, sont lourdes et communes. Le masque, le geste, le mouvement, l'allure propre à chaque personnage semblent alors l'unique préoccupation de l'artiste. Il se corrigera plus tard.

Il en est de la Liberté comme de la République.

Ces deux figures ont constamment porté bonheur au peintre qui, sans arborer sa cocarde, laisse percer un idéal démocratique plus large que les grêles taquineries de Grandville. Toujours Daumier entrevoit la Liberté avec un enthousiasme idéalisé.

Un juge entre dans le cachot d'un condamné politique enchaîné.

— Et pourtant *elle* marche! s'écrie le prisonnier montrant sur les murs de la prison le radieux mirage de la Liberté qui vole dans les airs, et laisse une traînée lumineuse qui éclaire les années de 1830 à 1836.

Par ce dessin, on comprend les aspirations de la jeunesse d'alors, ses croyances, ses dévouements et sa confiance jusque sur la paille des cachots.

C'est au même ordre d'idées que se rattache la composition : *Ah! tu veux te frotter à la presse!* Un imprimeur du *National* a mis sous presse Louis-Philippe, dont la longue figure étoffée s'élargit en sens horizontal, écrasée entre la platine et la forme.

Était-il dangereux au début de ce règne de faire des lois contre la presse? Les démocrates disaient oui, les amis du pouvoir disaient non. Grave question. Ce n'est pas sans effroi que je parcours les journaux de l'opposition de l'époque. Une violence sans mesure, des attaques passionnées, de féroces personnalités qui portaient coup, tant l'ensemble était menaçant, semblaient concorder avec l'émeute et l'insurrection dont le souverain triomphait sans consolider son trône[1].

On fut injuste pour le pauvre roi coupable de sentiments bourgeois; et pourtant je ne peux m'empêcher de faire corps avec le caricaturiste dont la raillerie, si persistante qu'elle soit, est exempte d'amertume.

Avec le *Ventre législatif*, la planche du mois de mai de l'*Association mensuelle* est une des plus importantes de l'œuvre de Daumier.

---

[1] On aura peine plus tard à déchiffrer les nombreuses compositions symboliques relatives au gouvernement constitutionnel.

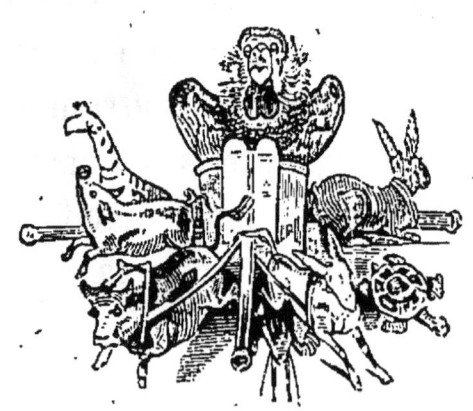

La vignette ci-dessus, d'un des nombreux dessinateurs du *Charivari*, représente le char de l'État aux timons duquel (ces timons sont des canons) des animaux lourds et timides sont attelés: bœuf, porc, âne, tortue, lièvre. Une sorte d'oiseau de proie avec un rabat de juge dirige le char qui porte les tables de la Charte.

Un cortége funèbre se dirige vers les hauteurs du Père-Lachaise. C'est là que le peintre a pu montrer un aspect nouveau : les horizons parisiens, le plein air, la façon dont il comprend la lumière. Les grands artistes ne s'emprisonnent dans aucune spécialité. Delacroix se délasse de ses épiques compositions en peignant des fleurs. Daumier rit habituellement de l'homme; mais, malgré sa nature sarcastique qui l'a emporté, il n'en contient pas moins un paysagiste de premier ordre.

Au milieu du cimetière, près d'une tombe, se détache une larmoyante figure de croque-mort, fantastique à force de réalité. Il joint les mains et semble prêt à s'agenouiller devant le corbillard qui passe; mais sous les crêpes pendants de son chapeau se dessinent les épais favoris légendaires.

— Enfoncé Lafayette! s'écrie le croque-mort royal.

Comment faire passer sur le papier l'éclatante transparence de cette composition, le mouvement des groupes entourant le corbillard, les tombes étagées sur la colline? Il faut un esprit anglais pour comprendre cet humour considérable.

Après une telle page, Daumier eût été placé par l'Angleterre à côté des plus grands maîtres. Nous avons peur en France de la force d'où qu'elle parte, du dramatique ou du comique.

La dernière planche de cette série, d'un dramatique inaccoutumé, a pour titre *la Rue Transnonain* : elle est la plus populaire des œuvres de l'artiste. Chacun se souvient de ce terrible drame. Le mot *Transnonain* en est resté sinistre. L'insurrection partait souvent de rues du quartier Saint-Martin habitées par des ouvriers. Un jour d'émeute, les soldats, massacrés dans ce dédale de ruelles, s'élancèrent furieux, grisés par la poudre, dans les maisons de la rue Transnonain et le massacre commença des faibles et des forts, des coupables et des innocents, des femmes et des enfants.

Les historiens ont décrit cette scène cruelle dans ses horribles détails. Daumier y a vu un entresol bas, en désordre, un lit fouillé par les baïonnettes, un sinistre traversin pendant hors du lit et, à terre, morts, une femme, un enfant, un vieillard, un ouvrier à la chemise ensanglantée.

Goya seul, dans ses *Scènes d'invasion*, a pu rendre un si cruel spectacle.

VI

Le nom de Goya ne se trouve pas sous ma plume sans motifs. Il existe de secrètes analogies entre l'Espagnol et le Marseillais : même flamme intérieure, même ardeur politique, même improvisation.

Quel que soit l'outil que tiennent ces artistes, crayon, pointe ou pinceau, la main peut à peine en modérer l'impatience. La sensation est si vive chez de tels hommes qu'elle se répand en traits vraiment romantiques.

Le contour linéaire, ces natures fiévreuses l'indiquent par des lignes passionnées, et les enthousiastes peuvent seuls comprendre les flammes brûlantes qui, dévorant toute règle, se créent des sillons nouveaux où l'art trouve son compte. Une sensation si vive se paye par un manque de correction. Mais combien de grandes qualités font oublier quelques négligences dans lesquelles ne tombent pas les êtres froids et rassis !

Dans le moindre des croquis de Daumier, l'artiste montre sa griffe. Il n'y a rien d'héroïque dans la représentation d'un homme qui passe sa chemise. Pourtant le mouvement est si juste et la musculature si nettement indiquée qu'on voit l'artiste épris du nu, saisir l'occasion pour indiquer en quelques traits spontanés le dos d'un ouvrier qui fait penser à une cariatide sculpturale.

Un dessinateur de vignettes, à qui on eût commandé le même sujet, se fût contenté du sujet même. Daumier s'empare du moindre prétexte pour donner cours à ses préoccupations; ou plutôt son amour du mouvement est tel qu'il l'emporte hors du fossé satirique pour le rejeter sur le terrain de la ligne, du contour et de la couleur. Il a semé ainsi dans les journaux des centaines de vignettes à propos desquelles un esthéticien pourrait épiloguer. Presque toutes sont sculpturales : dans le caricaturiste les statuaires ont reconnu un frère, et c'est cette double qualité que je tenais à mettre en relief.

La physionomie de ces artistes montre des esprits réfléchis et penseurs. Leur main est fougueuse, leur masque en apparence tranquille. Non pas que la flamme morale n'ait laissé de traces extérieures ; mais l'observation profonde qu'ils portent à toute chose prend le dessus et éteint momentanément les fougues qui ne surgissent que le pinceau à la main.

Daumier et Goya ne se ressemblent pas seulement par la flamme intérieure ; je suis frappé par certaines analogies physionomiques. Une apparence bourgeoise au premier aspect, de petits yeux interrogateurs et surtout une lèvre supérieure d'une longueur particulière chez les deux maîtres. Ce détail, on le trouve nettement accusé dans le portrait de Goya, gravé par lui-même en tête des *Caprices* ; les artistes qui ont dessiné la figure de Daumier n'ont pas assez indiqué ce trait caractéristique si remarquable chez Talleyrand.

Est-ce dans la lèvre supérieure développée comme celle des singes qu'est tapi l'esprit satirique? Les physiognomonistes n'en parlent pas. Dans une science si arbitraire (ce n'est même pas une science), de tels détails qui prêtent à tant de controverses ne sont importants qu'appuyés sur des analogies, et elles sont remarquables chez deux maîtres dont je crois avoir entrevu la parenté.

C'est ici qu'il convient de placer un portrait de Daumier à l'âge de quarante ans.

A une époque où je cherchais à me faire une idée de ces lutteurs qui imposent leur nom et ont tant de peine à le faire sortir de la trompette de la renommée, j'eus occasion de rendre visite au grand travailleur qui, du fond de l'île Saint-Louis, crayonnait ces nombreuses feuilles où sont représentées les laideurs bourgeoises. Combien fus-je étonné de rencontrer une sorte de philosophe aux longs cheveux grisonnants qui ennoblissaient une figure vulgaire en apparence, mais relevée par des yeux observateurs, curieux et remplis d'une sorte de bonté inquiète! Une lithographie, laissée par le sculpteur Jean Feuchère[1], permet d'étudier Daumier encore jeune; c'est déjà un songeur et un esprit plein de croyance.

---

[1] Feuchère, nature élégante et distinguée, qui a apporté dans l'art industriel un arrière-parfum de la Renaissance, avait le plus vif enthousiasme pour les œuvres du caricaturiste. Il les collection

Un tel portrait par un enthousiaste devait être ce qu'il est : simple, vrai, avec une certaine nuance mélancolique que l'ami avait entre-aperçue sous le calme habituel de l'artiste. Il faut aimer quelqu'un pour bien le représenter. Un portrait, ce n'est pas seulement l'homme du jour, c'est aussi celui de la veille et quelquefois du lendemain.

L'ami se rappelle certaines qualités morales qui n'apparaissent pas aux crayons vulgaires et subits. L'homme est froid devant celui qui tient un pinceau; les lignes de la figure se contraignent; il faut leur rendre leur assouplissement.

Michel Pascal a modelé d'après Daumier un médaillon exact et fin. Ce statuaire, à qui l'art religieux devra des œuvres exécutées avec autant de simplicité que celles des tailleurs de pierre du moyen âge, avait, lui aussi, une vive affection pour le caricaturiste. Pendant que le maître, dans les soirées d'hiver, crayonnait ses pierres, Michel Pascal sculptait le spirituel médaillon au-dessous duquel mon ami, le poëte Baudelaire, a bien voulu m'envoyer de l'étranger un morceau de poésie dans le style épigraphique et légendaire des vers qu'on trouve au bas des vieilles gravures.

nait avec soin, et cet ami délicat avait eu, vers 1850, l'idée de publier le catalogue de l'œuvre de Daumier, auquel nous devions travailler ensemble.

Kreutzberger d'après Michel Pascal.

HONORÉ DAUMIER

Celui dont nous t'offrons l'image,
Et dont l'art, subtil entre tous,
Nous enseigne à rire de nous,
Celui-là, lecteur, est un sage.

C'est un satirique, un moqueur ;
Mais l'énergie avec laquelle
Il peint le Mal et sa séquelle
Prouve la beauté de son cœur.

Son rire n'est pas la grimace
De Melmoth ou de Méphisto
Sous la torche d'une Alecto
Qui les brûle, mais qui nous glace.

Leur rire, hélas! de la gaîté
N'est que la monstrueuse charge ;
Le sien rayonne, franc et large,
Comme un signe de sa bonté.

CHARLES BAUDELAIRE.

Mon rôle n'est pas de traduire en prose la pensée qui a dicté ces beaux vers. Je note seulement en passant l'impression des caricatures du maître sur les lyriques; qui cependant n'étaient pas de la même génération. Deux des plus remarquables, Charles Baudelaire et Théodore de Banville ont voulu montrer au public la grandeur qui se cache derrière le masque comique. L'un donne l'essence de l'œuvre en ces stances ; l'autre, on le verra plus loin, a traduit, dans une *ode funambulesque* célèbre, le rire particulier à l'auteur de l'*Histoire ancienne*.

Admirations qui étonneront peut-être les gens officiels. Les poëtes et les artistes ont un respect pour les intelligences débordées de travail, qui fait oublier à l'homme obligé de produire sans cesse les commandes et les honneurs obtenus par la médiocrité. C'est à ce sentiment expressif des masses qu'on doit un buste de Daumier par M. Carrier-Belleuse, qui malheureusement avec ses qualités y a apporté ses défauts de *fa presto*[1].

A l'âge où Daumier prenait un nouvel élan et où sa physionomie révélait tant de concentrations, c'était le cas de laisser au public un sérieux portrait de l'artiste, seul comparable à Goya.

On peut voir par certaines lithographies de l'Es-

---

[1] Il existe deux portraits en caricature de Daumier, par Benjamin Roubaud et Carjat, suivant le procédé connu des grosses têtes plantées sur de petits corps. Celui de Benjamin (du 18 janvier 1839) représente un artiste insouciant, les mains dans la poche, la pipe à la bouche, le nez au vent, le chapeau en arrière, une cravate négligemment roulée autour du cou. Le peintre porte sous le bras un portefeuille sur lequel est écrit : *Robert Macaire*. Benjamin Roubaud, caricaturiste vulgaire, a laissé cependant dans la publication du *Panthéon charivarique* quelques indications utiles à consulter plus tard pour se rendre compte de l'attitude de quelques hommes célèbres : Victor Hugo, Balzac, etc. Mais qu'il était difficile de rendre l'œil pénétrant de Daumier, dont le portrait de Roubaud me paraît préférable à la caricature du photographe Carjat (1er décembre 1861). Daumier, la palette en main, habillé d'un large paletot, une abondante chevelure grise couvrant ses épaules, fait penser à Ducis débitant une tragédie.

pagnol vieux et presque aveugle la fougue qui avait survécu à la jeunesse. Nous retrouverons Daumier dans sa maturité, attelé à un journal satirique, forçant les cadres d'un étroit format pour y couler la puissance de sa personnalité.

IX

Il faut continuer à feuilleter *la Caricature* où Daumier a laissé d'étranges compositions, quelques-unes signées *Rogelin*. Daumier employa ce pseudonyme et semble avoir éteint volontairement son crayon (les planches signées *Rogelin* sont d'une faible exécution) pour ne pas attirer l'attention du préfet de police qui avait accordé à l'artiste un délai illimité pour se rendre en prison ; mais il arriva qu'un dessin représentant M. Gisquet lavant un drapeau tricolore pour en enlever les couleurs [1],

---

[1] *Le bleu s'en va, mais ce diable de rouge tient comme du sang*, telle est la légende exacte d'une planche signée *Honoré*, avec ce titre : *Caricature politique*, n° 35. Je la signale aux amateurs, car elle est fort rare, les exemplaires ayant été presque tous saisis.

ranima nécessairement les colères du préfet. L'artiste fut appréhendé au corps, et conduit à Sainte-Pélagie.

Les temps devenaient menaçants; les émeutes de plus en plus vives. Le ministère prit un parti et la haute cour fut constituée pour juger les républicains. Nous devons à ces procès de beaux portraits sous le titre de *Juges des accusés d'avril*. C'est là que l'avenir consultera la physionomie des principaux membres de la Chambre des pairs. A la buvette, le général Mathieu Dumas, vieillard cacochyme, les yeux protégés par une grande visière verte, répare ses forces en trempant un biscuit dans un verre de vin de Bordeaux. Excellent portrait : mais combien plus admirable le vieux Barbé-Marbois, affaissé dans un fauteuil d'acajou auquel Daumier a donné une tournure curule. La douillette de soie qui enveloppe les membres de l'ancien déporté, devient une robe florentine; un caloquet de velours couvre le crâne du sévère vieillard dont le peintre a tiré une tête dantesque, quoique la roupie tombe de son nez. Dans de tels portraits apparaît le grand artiste; au fond de la vieillesse et de la décrépitude il trouve la noblesse, et, quoique son cœur soit avec les adversaires des hommes qu'il peint, l'amour de la réalité, plus puissant que la haine politique, le porte à représenter grand ce qui fut grand.

Singulier combat que celui qui se passait alors! Qui ne se rappelle avoir vu aux étalages des marchands d'estampes des portraits de hardis jeunes gens à longs cheveux, les uns en habit sur lequel se détachent les pointes de gilets blancs à la Robespierre, les autres en blouse, un bonnet phrygien sur la tête, tous la mine grave, la physionomie inspirée?

Un Alibaud tirant sur le roi, devenait un martyr, et plus d'une folle de l'époque a conservé des cheveux du régicide.

A la Cour des pairs c'était une lutte organisée entre les accusés et les juges. Les prévenus ne se défendaient pas, ils attaquaient, et plus d'une fois les pairs de France frissonnèrent quand, appelée par des voix éloquentes, l'ombre vengeresse de Ney descendait dans le prétoire, pour accuser les juges.

A l'extérieur du Luxembourg, la lutte n'était pas moins vive. Daumier fut le plus hardi tirailleur de cette armée menaçante. Ses portraits de pairs de France restent marqués de son crayon comme l'est un enfant de la petite vérole. Une brutalité sans précédent dans l'art présida à la confection de ces masques qui avaient la souveraine apparence de la réalité : tout juge devint un vieillard hébété, laid, édenté, goutteux, paralytique et podagre, quand tout accusé était représenté jeune, beau, enthousiaste, enflammé, intrépide, noble et courageux [1].

Le dénoûment de ces procès était enregistré par des légendes âpres et cruelles. « La cour rend des services et non pas des arrêts, » dit un juge (c'est le caricaturiste qui rapporte cette réponse) à un démocrate enchaîné. Dans d'autres compositions, Louis-Philippe, déguisé en chirurgien, saigne la Liberté et est appelé « le grand *saigneur*. » On voit des sergents de ville à face de bouledogues, déposer leurs tricornes dans un coin et cacher leurs épées sous des robes de juges. Un accusé re-

[1] Les portraits des accusés, d'une exécution vulgaire, et qui intéressaient le public par cette vulgarité même, sont d'un lithographe médiocre, Julien. Ce ne fut que plus tard, de 1848 à 1850, dans la galerie des *Représentants représentés*, que Daumier donna une réelle physionomie aux Don Quichotte de la démocratie, à Barbès, Lagrange, etc.

fusait-il l'assistance d'un défenseur, le malheureux avocat nommé d'office par M. Pasquier devenait, suivant les journaux démocratiques, un mouchard chargé de compromettre la cause.

J'ai sous les yeux une planche de *la Caricature* d'une telle exaspération qu'elle fait frissonner, tant l'art peut prêter de force aux plus mensongères accusations. C'est l'hyperbole cruelle des événements du moment. Les accusés, de concert avec leurs avocats, invectivaient les pairs de France, et pourtant se plaignaient que la défense n'était pas libre. *La Tribune* et *le National* chaque jour le répétaient sur tous les tons.

— *Accusé, parlez, la défense est libre.* Telle est la légende d'une féroce composition de Daumier. L'accusé est bâillonné! Le président, avec un sourire de hyène, l'invite à s'expliquer. Le prévenu se débat, mais en vain, saisi par trois juges dont la robe est chargée de décorations. Un autre juge tient une hache à la main et s'avance près d'un condamné, qui, lié, a déjà la tête appuyée sur un billot.

Jamais le crayon de Daumier ne fut plus sinistre. Il répondait aux haineuses passions du moment en faisant de la Chambre des pairs une assemblée d'inquisiteurs et de bourreaux.

Ici je me sépare de la caricature haïssable et

empoisonnée. Ces scènes de tortures sont démenties, même par les publications révolutionnaires du temps. Qui lira les fameux débats des procès d'Avril et de Mai verra quelles audaces se permettait la défense. Mais quoi! C'était une lutte entre la loi et l'insurrection, entre la majorité et la minorité, entre la force et la résistance, entre le gouvernement et la révolte. Loi, majorité, force, gouvernement, devaient être accusés de tous les crimes, et un jeune artiste servait d'instrument aux passions politiques, comme son crayon traduisait en traits accentués ce que les plumes les plus aiguës ne pouvaient rendre.

X

A mesure que je déroule une à une les pages d'un artiste si fécond, je suis préoccupé par l'idée de liberté, cette liberté tuée en 1835 par les coups de fusil des émeutes et de la machine de Fieschi. Les défenseurs du trône voulurent voir une complicité entre les journaux et les émeutiers, d'où les lois sur la presse.

La royauté se crut hors de danger : elle emportait le fer dans la plaie, comme ces animaux qui, échappant aux chasseurs, vont mourir dans quelque tanière. Cinq ans avaient suffi aux démocrates pour ébranler un trône qui, à treize ans de là, devait tomber comme un fruit gâté.

Fut-ce la liberté qui renversa Louis-Philippe?
Non, pas plus que les attentats réitérés n'arrêtèrent sa mission. Sans doute il y eut des violences commises au nom de la liberté; mais la violence porte en elle-même son châtiment, et crée des adversaires là où elle cherche des recrues. Il n'est pas de peuple si bas tombé du sein duquel des hommes ne sortent tout à coup réclamant l'honneur de défendre des accusés innocents. Les excès amènent des auxiliaires imprévus; la conscience se révolte en face d'excessives injustices, et celui-là, indifférent en temps calme, devient passionné dans la lutte.

Le roi, traqué, poursuivi à coups de pistolet, par des fusils à vent, par les batteries invisibles de machines infernales, était alors au-dessus des attaques de la presse. Il devait les mépriser. L'opinion publique en eût fait justice.

Je parle de la liberté en homme détaché de tout intérêt politique; et pour prouver que j'écoute la voix de mes adversaires, j'entreprends de lutter corps à corps avec un des plus considérables, avec Gœthe.

« A travers toutes les œuvres de Schiller, dit Gœthe, circule l'idée de liberté, et cette idée prit une autre forme à mesure que Schiller avançait dans son développement et devenait autre lui-même.

Dans sa jeunesse, c'était la liberté du corps qui le préoccupait et qui se montrait dans ses poésies ; plus tard, ce fut la liberté de l'esprit.

« Chose singulière que cette liberté physique ! Selon moi, chacun en a facilement assez s'il sait se satisfaire et s'il sait la trouver. A quoi nous sert-il de posséder en liberté plus que nous ne pouvons en mettre en usage ? Voyez : voilà cette chambre et cette pièce à côté, dont la porte est ouverte et dans laquelle vous apercevez mon lit ; cela n'est pas grand, et l'espace en est encore rétréci par toute sorte de meubles, de livres, de manuscrits, d'objets d'art ; cependant il me suffit ; j'y ai habité tout l'hiver, et je n'ai presque pas mis le pied dans mes chambres du devant. A quoi donc m'a servi ma vaste demeure, et la liberté d'aller d'une chambre dans une autre, si cette liberté m'était inutile ? Lorsqu'on a assez de liberté pour vivre sain et sauf et pour vaquer à ses affaires, on en a assez, et cette liberté-là, on l'a toujours facilement. De plus, nous ne sommes tous libres qu'à certaines conditions que nous devons remplir. Le bourgeois est aussi libre que le noble dès qu'il se tient dans les limites que Dieu lui a indiquées en le faisant naître dans sa classe. Le noble est aussi libre que le prince, car il n'a qu'à observer à la cour quelques lois d'étiquette, et il peut ensuite se considérer comme son égal. La liberté ne consiste pas à ne vouloir rien reconnaître au-dessus de nous, mais bien à respecter ce qui est au-dessus de nous ; car le respect nous élève à la hauteur de l'objet de notre respect, » etc.

Gœthe, que j'admire profondément, a, par instant, des idées bourgeoises, et son judicieux annotateur [1] a dit avec raison qu'ici l'auteur de *Faust* « montre un torysme d'une nuance un peu vulgaire. »

Singulière façon d'entendre la liberté que de pouvoir se promener tranquille dans ses appartements !

Est-ce que Gœthe, de son vivant, eût imprimé les significatifs aveux consignés dans ses *Conversations?* Sur la religion, sur la morale, sur la matière, ne laisse-t-il pas échapper des opinions hardies qui pouvaient gêner sa vie?

Je suppose un Gœthe ministre en France. Sa sérénité s'oppose à la compréhension du satirique ; il l'a dit maintes fois [2].

Cependant qu'un esprit intelligent lui montre un carton rempli des plus belles pièces de Daumier

---

[1] *Conversations de Gœthe*, recueillies par Eckermann, trad. par Émile Delerot. Charpentier, 1863, 2 vol. in-18.
[2] Voir l'*Histoire de la caricature antique*, p. 177 à 179. 1 vol. in-18. E. Dentu.

(car Gœthe a un profond sentiment des arts du dessin) et qu'il lui dise :

— Le crayon de l'artiste que vous admirez est enchaîné par vos lois. Il souffre de ne pouvoir produire. Il n'a plus la jouissance d'ironie dont l'a doué la nature. Il est ainsi; il est né ironique. Jouit-il de sa liberté et ne manque-t-il pas à d'autres natures ironiques qui attendaient chaque jour ses dessins et chaque jour se réjouissaient de voir ajouter une feuille à tant d'autres? Ainsi, par vos lois restrictives, non-seulement vous gênez la liberté d'un grand artiste, mais encore vous gênez la liberté de ceux dont il était l'expression.

Gœthe répondra sans doute que la société n'a pas été constituée pour le bon plaisir des caricaturistes.

— Mais, dirais-je, la société n'est faite non plus ni pour la philosophie, ni pour la science, ni pour les lettres, ni pour les arts.

Gœthe admettra-t-il qu'on supprime la poésie?

Ainsi que beaucoup d'autres, Gœthe a dit que cette liberté invoquée de tant de côtés et par des natures si diverses, est une *abstraction*; qu'un mot si vague est gonflé d'émeutes, de barricades, d'insurrections, de révolutions, et qu'une censure est nécessaire pour protéger, contre des attaques passionnées, le gouvernement, les institutions, les hommes au pouvoir et les citoyens.

Il conviendra qu'il y a des vices à peindre, que les honneurs rendus à la sottise ne sauraient être

représentés par les ciseaux d'un Phidias; qu'il existe en politique des êtres qu'il est bon de châtier, et que la véritable grandeur d'âme ayant conscience d'elle-même ne saurait être atteinte.

La liberté, Gœthe s'en est surtout préoccupé à propos de l'opposition sous la Restauration, estimant que la malice française gagne à passer à travers les mailles de la censure et à se montrer sous le déguisement de l'atténuation.

Gœthe parle de la liberté en France avec l'indifférence de l'homme qui écrase une fourmilière.

Qu'importait à ce grand égoïste la liberté chez un peuple voisin! Mais qu'on s'attaque à *sa* liberté, alors le poëte se révolte et trouve d'éloquentes raisons pour sa défense.

« Lord Bristol, confiait Gœthe à Eckermann, passa

par Iéna ; il désira faire ma connaissance ; je lui rendis donc visite. Il lui plaisait, à l'occasion, d'être grossier ; mais, quand on l'était autant que lui, il devenait fort traitable. Dans le cours de la conversation, il voulut me faire un sermon sur *Werther*, et me mettre sur la conscience d'avoir, par ce livre, conduit les hommes au suicide. — *Werther*, dit-il, est un livre tout à fait immoral, tout à fait damnable. — Halte-là! m'écriai-je ; si vous parlez ainsi contre le pauvre *Werther*, quel ton prendrez-vous contre les grands de cette terre, qui, dans une seule expédition, envoient en campagne cent mille hommes, sur lesquels quatre-vingt mille se massacrent et s'excitent mutuellement au meurtre, à l'incendie et au pillage ? Après de pareilles horreurs, vous remerciez Dieu et vous chantez un *Te Deum !* Et puis, quand par vos sermons sur les peines épouvantables de l'enfer, vous tourmentez tellement les âmes faibles de vos paroisses qu'elles en perdent l'esprit et finissent leur misérable vie dans des maisons d'aliénés ; ou bien, lorsque, par tant de vos doctrines orthodoxes, insoutenables devant la raison, vous semez dans les âmes des chrétiens qui vous écoutent le germe pernicieux du doute, de telle sorte que ces âmes, mélange de faiblesse et de force, se perdent dans un labyrinthe dont la mort seule leur ouvre la porte, que vous dites-vous à vous-même pour ces actes, et quel reproche vous faites-vous? Et maintenant, vous voulez demander des comptes à un écrivain, et vous damnez un ouvrage qui, mal compris par quelques intelligences étroites, a délivré le monde tout au plus d'une douzaine de têtes sottes et de vauriens qui ne pouvaient rien faire de mieux que d'éteindre tout à fait le pauvre reste de leur méchante lumière. Je croyais avoir rendu à l'humanité un vrai service et mérité ses remercîments, et voilà que vous arrivez et que vous voulez me faire un crime de cet heureux petit fait d'armes, pendant que vous autres, prêtres et princes, vous vous en permettez de si grands et de si forts! »

Ainsi Gœthe, poussé par ses propres intérêts, conclut à la liberté absolue dans l'art. Mais après ses propres paroles, il lui est impossible de nier la liberté pour tous, lui qui la défend si vivement pour *Werther*.

XI

Derrière Daumier, j'aperçois Philipon, qui souffle des légendes enfiellées et sans cesse lui dicte les sujets. Daumier a besoin d'un esprit excitateur à ses côtés. C'est là ce qui le différencie surtout de Grandville qui a des idées politiques et les traduit péniblement. Le rôle de Daumier est du domaine pur de l'art, et c'est ce qui fait sa force; même ses dessins politiques peuvent être regardés par un esprit étranger aux passions politiques. Qu'on supprime la légende des planches, il reste une *tache* colorée qui fait qu'une composition quelconque de son crayon appartient au domaine de l'art.

Encore une fois, je reviens à Goya pour essayer de rendre ma pensée. Les *Caprices* sont, pour la plupart, des satires des grands personnages de la cour de Charles IV. Au bas sont des légendes espagnoles. Ces événements de 1786, peu intéressants, n'ont pas laissé de vives traces dans l'histoire; les personnages auxquels l'artiste fait allusion, je ne les connais pas; je vois des légendes espagnoles sans les comprendre. J'écris en 1864, et ces eaux-fortes ont fait la joie des curieux de la fin du dix-huitième siècle. Comment des actualités, de médiocres événements, la silhouette de courtisans dont j'ignore le nom, peuvent-ils m'intéresser? Comment ce qui fut les chers *Caprices* de la duchesse d'Albe conserve-t-il aujourd'hui son essence humoristique?

C'est le propre des hommes de génie que de nous intéresser à des transparences d'ombre; des traits spirituels de pointe, un tour particulier du crayon, un jeu de lumière imprévu, un fantastique graphique qui font que grandeur, force, style, tournure, mouvement, comique et caricature vivent de leur propre fonds et n'appartiennent à aucun pays ni à aucune civilisation.

Malgré certaines obscurités, l'antiquité nous apparait forte et satirique dans Sophocle et Aristophane. Une composition de Breughel le Drôle, quoique le sens m'en échappe, n'en reste pas moins grotesque. Anglais, Indiens, Chinois, Italiens, Espagnols, Hollandais, Français, se rapprochent par l'art; c'est là la langue universelle tant cherchée. Et quand l'homme est assez puissant pour envelopper un misérable événement du manteau de l'art, alors même une scène de ruisseau peut devenir une composition vivant par la ligne ou la couleur, le mouvement ou la passion, l'ombre ou la lumière.

Quelle est la raison qui nous fait nous enthousiasmer pour le *gras* du crayon de Daumier, la lisière fantastique du contour, l'ampleur de la composition, l'harmonie du noir mêlé au blanc? La même qui poussait l'enthousiaste Diderot à s'écrier devant un tableau domestique : « O Chardin! ce n'est pas du blanc, du rouge, du noir, que tu broies sur ta palette; c'est la substance même des objets; c'est l'air et la lumière que tu prends à la pointe de ton pinceau, et que tu attaches sur la toile. »

Quoique l'idée satirique semble rivée au dessin, il n'en reste pas moins dans la représentation de divers personnages oubliés un souffle qui anime chaque groupe, une vitalité excessive qui s'empare de l'individu, et le dessin d'aujourd'hui reste pour devenir une œuvre du lendemain. J'en cherche un exemple caractéristique dans une composition du maître.

En 1846, les bureaux du *Constitutionnel* furent transférés de la rue Montmartre à la rue de Valois. C'est un fait sans importance, et certainement un Augustin Thierry de l'avenir n'écrira pas une lettre historique sur ce déménagement. Daumier l'a rendu d'un grotesque puissant.

Sur une charrette à bras est installé le mobilier du journal : un vieillard podagre, coiffé d'un bonnet de coton, la vue protégée par un abat-jour vert, tient d'une main un drapeau tricolore fané; l'autre main s'appuie sur un bocal précieux où est renfermée *l'araignée mélomane*. Des garçons de bureau emplissent la charrette de ballots de vieux numéros de journaux sur lesquels s'appuie le vieillard dont les pieds gonflés sont chaussés d'horribles chaussons de lisière. La charrette est tellement bourrée de meubles que la tête du fameux *serpent de mer* traîne mélancoliquement sur le pavé. La voiture vient de sortir d'un long corridor à la porte duquel se montre consterné un pâtissier, car *le Constitutionnel*, qui a fait si longtemps la fortune de la maison, va s'installer ailleurs, laissant les habitants de la rue Montmartre pousser aux fenêtres des hélas! à fendre le cœur.

Cette analyse ne peut donner une idée de la composition de Daumier. Qu'a d'intéressant pour la génération de 1864 le déménagement d'un journal en 1846? Mais ce vieillard apoplectique, qui s'appuie sur un *horizon politique* de carton, représente la France bourgeoise de l'époque. La nation peut changer de drapeau, se transformer, le dessin restera aussi vivant que le premier jour. L'esprit satirique a poussé le crayon de Daumier, dont toute l'œuvre est pleine de joyeux éclats de rire pour le mot *Constitutionnel*.

L'actualité ainsi traduite devient éternelle. N'importe quelle révolution peut arriver, la langue fût-

LA LECTURE DU CONSTITUTIONNEL AU PALAIS-ROYAL

Dessin de Daumier.

elle changée, il y aura toujours un mot équivalent à celui de *Constitutionnel*. La bêtise humaine s'inquiétera longtemps du « char du progrès; » toujours un journaliste gémira sur *l'horizon politique qui se rembrunit*.

Il faudrait pouvoir noter la façon dont un bourgeois de 1830 prononçait, en parlant de son journal favori *le Constitutionnel*. Les syllabes et les lettres elles-mêmes semblaient gommées et prétentieuses par l'assemblage.

XII

Qui parlait alors du *Constitutionnel* disait un journal arriéré, rétrograde, plat, sans horizons, ultra-classique. MM. Étienne, Jay, de Jouy, s'y étaient retranchés, protestant à la fois contre la démocratie et le romantisme. Romantiques et démocrates firent cause commune, et le malheureux journal fut accablé de telles injures, qu'elles ne sont pas encore complétement effacées aujourd'hui; car on en trouve traces dans *Antony* (1833) et dans *le Fils de Giboyer* (1862). Les petits journaux n'y allaient pas de main morte, et les épithètes de *bourgeois*, d'*épicier*, de *crétin*, de *goîtreux*, d'*idiot*, de *gâteux*, étaient les légendes habituelles des dessins représentant *le*

Constitutionnel alarmé : « Le char de l'État est arrêté par le débordement de toutes les passions. »

Un homme se présenta plus tard qui ne craignit pas d'endosser toutes ces railleries, M. Véron. On connaît sa vie : inventeur de la pâte Regnauld, à laquelle il dut une partie de sa fortune, le docteur, sorte d'épicurien bourgeois, joua un rôle dans les Revues du temps, devint directeur de l'Opéra, fut en relation avec les principaux écrivains, peintres et actrices de l'époque, et tint table ouverte, se piquant de fine cuisine. Sa fortune considérable lui permit le rôle qu'a dû ambitionner plus d'un homme : d'avoir un pied dans les coulisses des théâtres, de recevoir la fine fleur des écrivains et d'être au mieux avec les plus jolies filles de Paris.

Les caricaturistes, sans s'inquiéter de la fortune du docteur et de ses relations, devinèrent l'homme qui, pour avoir fréquenté des romanciers, devait publier plus tard un roman, le directeur de journal qui plein d'innocentes chimères, se chargerait de « donner des conseils au prince, » le même qui deviendrait la mouche bourdonnante de l'Empire, et que les électeurs remercieraient malgré la fameuse phrase : *Aide-toi, le Constitutionnel t'aidera.*

M. Véron n'eut sans doute pas l'illusion de se croire un Antinoüs. Il eût été vite désabusé par la caricature, qui, cette fois, s'ingénia médiocrement d'exagérer le réel. Daumier s'empara du masque véronien, le pétrit sous mille formes, et légua un Véron aux nations futures, comme les anciens nous ont laissé des bustes de gras. Ce que ne purent faire ni les bourgeoises utopies du docteur, ni son roman, ni ses discours politiques, ni ses articles de journaux, Daumier l'a fait. Il créa un type, une sorte de *Prudhomme* vivant qui n'est pas plus le Prudhomme d'Henry Monnier qu'une fourmi n'est une fourmilière.

Le sentiment public à l'endroit du *Constitutionnel* se traduisit par une centaine de vives compositions qu'on trouve dans la série intitulée *Actualités*, et qui ne s'arrêtent qu'en 1852. On y voit M. Véron en Antinoüs, en conseiller intime, en bouillant Achille, au bain, M. Véron en chemise, M. Véron sans chemise : dessins graves comme ceux de Holbein à Hampton-Court, houppelandes de Nessus qui ne s'usent qu'avec la vie de l'homme.

Par sa persistance et sa force, la caricature, maniée par une main vigoureuse, impose à celui qu'elle a déclaré son serf une physionomie fantastique, approchant toutefois si près de la réalité, que les yeux du public ne voient plus l'homme qu'à travers les verres grossissants de la lunette du satirique.

Les jeunes poëtes, que le lyrisme puissant de Daumier mettait à l'unisson, apportèrent leur pierre au monument préparé pour le docteur. Chacun, il y a quinze ans, savait par cœur la spirituelle *ode funambulesque* de Théodore de Banville, dont les principales strophes sont des interprétations des dessins du maître :

> V...., tout plein d'insolence,
> Se balance,
> Aussi ventru qu'un tonneau
> Au-dessus d'un bain de siége,
> O Barége !
> Plein jusqu'au bord de ton eau.

L'auteur des *Odes funambulesques* comprit tout jeune que Daumier était l'homme en qui se résument les nobles aspirations de la satire.

Il y a de la noblesse et de la grandeur d'esprit dans le comique, qu'il jaillisse des vers d'Aristophane ou des crayons modernes. Quand Banville s'écrie :

> Comme Actéon le profane
> Vit Diane,
> Tu verras V.... tout nu !

on sent un poëte, admirateur de la sérénité antique, qui, froissé par l'arrogante suffisance des traitants de son temps, se venge en mêlant l'horrible à Éros, le hideux à Paros. C'est le chantre d'Hélios qui se révolte contre

> ... Tout ce que calfate
> La cravate

d'un homme d'argent au dix-neuvième siècle.

Cependant un fait à l'honneur des hommes de cette époque doit être noté, et M. Thiers, représenté en empereur romain sur un char de triomphe dès 1834 par la caricature, avait le droit de le rappeler dans un de ses discours de 1865 : c'est que les défenseurs de Louis-Philippe supportèrent la critique sans se plaindre, ayant assez de confiance dans leurs aspirations pour ne pas craindre qu'un crayon railleur les entamât.

Au temps où la presse libre se permettait de graves écarts, le docteur Véron eut le bon goût de subir ce feu roulant d'épigrammes et de caricatures qui nous étonne aujourd'hui.

Les bourgeois furent des gens forts — momentanément.

XIII

Peu de journaux ont mieux répondu à leur titre que *le Charivari*, fondé par Philipon, qui, non content d'avoir une Revue satirique hebdomadaire, se donna la joie de tirer tous les jours des pétards.

Quoi de plus significatif que les vignettes symboliques en tête du journal, qui défient les imaginations saugrenues des vieux maîtres hollandais! Ce sont des hommes qui frappent à grands coups de maillet sur la cloche du *Charivari*, des ouvriers dont la scie grinçante mord de grosses pierres, des pâtissiers mettant en branle leurs instruments de cuisine, des chasseurs qui soufflent dans des trompes, des chiens qui déchiffrent en aboyant de gros cahiers de musique, des postillons qui font claquer leur fouet, d'horribles singes mêlés à des perroquets, des ânes qui braient, des cochons que des gamins tirent par la queue, des hommes qui raclent de vieux murs avec des tessons de bouteilles, des sonnettes qu'on agite de toutes parts, des blasons de métal que des ouvriers démantèlent à tour de bras, des joueurs de fifres aigus, des gnomes qui agitent de grinçantes crécelles, des enfants qui soufflent dans des trompes de terre, des serpents qui sifflent dans de colossales clefs.

Chaque jour, de 1833 à 1835, la vignette endiablée mettait en mouvement des pompes rouillées, des girouettes agitées par le souffle d'horribles mandragores, des apothicaires pilant dans un mortier assourdissant, des tonneliers frappant de leurs douves sur des tonnes sonores, de barbares joueurs d'orgue de Barbarie, des diables cornus inventant des carillons d'enfer pour troubler le sommeil d'un honnête bourgeois qui apparaissait à la fenêtre avec sa tête en *poire*.

Il semble que le terrible carillonneur Philipon, en sa qualité de chef d'orchestre[1], n'ait eu pour

---

[1] La vignette ci-contre représente l'ironique Philipon battant à tour de bras sur la caisse du *Charivari*, et autour de lui son groupe de musiciens ordinaires : Julien, Bouquet, Aubert (l'éditeur), Daumier, Desperet, Traviès, Grandville.

Julien.   Bouquet.   Aubert.   Philipon.   Daumier.   Desperet.   Traviès.   Grandville.

but, en créant ces journaux, que de tympaniser les oreilles de Louis-Philippe. Il y a du *Cabrion* révolutionnaire dans Philipon, et la *scie* qu'il organisa contre le roi en le représentant ou le faisant représenter sous forme de *poire* en lithographies, en plâtre et en têtes de pipes comme en têtes de cannes, commandant aux gamins qui venaient de l'école de dessiner des poires sur tous les murs, cette mystification prolongée d'un rapin subversif en arriva à devenir un crime prévu par les lois, une excitation à la haine contre le chef de l'État.

Railleuses légèretés, qui caractérisent bien une nation où tantôt des violettes, tantôt des rubans blancs et verts, tantôt une poire, le lendemain un nom, tel que *la Marianne*, conduisent tant de gens naïfs à se faire emprisonner.

La poire joua un grand rôle sous Louis-Philippe. Qui découvrit le premier que la figure du roi-citoyen, avec ses épais favoris et son fameux toupet, donnait au profil quelque analogie avec la forme d'une poire? Si ce n'est Philipon, il fut le vulgarisateur de la *découverte*. Mais l'homme rachetait ses farces par une excessive malice.

Le Charivari avait été condamné à six mille francs d'amende. Philipon entreprit de payer l'amende au moyen d'une gravure dont l'idée est plaisante, quoique ces taquineries soient déjà bien éloignées.

Quatre dessins se succédaient, dont le premier était le portrait du roi.

« Ce croquis, disait Philipon, ressemble à Louis-Philippe : vous condamnez donc? »

Par des courbes imperceptibles, le toupet et les favoris commençaient à s'onduler :

« Alors, reprenait Philipon, il faudra condamner celui-ci qui ressemble au premier! »

Et il appelait la rigueur des magistrats sur la troisième silhouette, qui du masque humain tournait de plus en plus au fruit.

« Si vous êtes conséquents, ajoutait Philipon en soumettant aux jurés la représentation d'une poire réelle, vous ne sauriez absoudre cette poire, qui ressemble aux croquis précédents. »

Philipon condamné ne se tenait pas pour battu ; il disposait les considérants du jugement en un arrangement typographique sous forme de poire.

La poire ayant été décidément exilée de l'empire caricatural, comme subversive, le journal annonçait, à grands renforts de réclames, une série de dessins par M. Pépin de la Poire.

Le comique s'obtient quelquefois par la prolongation et l'emploi sans cesse réitéré de banalités. Louis-Philippe dut en sourire d'abord; mais combien peu de souverains accepteraient un ridicule sans cesse jeté sur leur majesté!

Jusqu'à un singe croquant une poire devenait une satire difficile à atteindre.

Entre tous, Daumier fut celui qui accommoda la poire aux sauces les plus diverses. Le roi avait une honnête physionomie, large et étoffée. La caricature, par l'exagération des lignes du masque, par les différents sentiments qu'elle prêta à l'homme au toupet, le rendit typique et en laissa un ineffaçable relief. Les adversaires sont utiles. En politique, un ennemi vaut souvent mieux qu'un ami. Que le curieux parcoure les galeries de Versailles, où de nombreux tableaux officiels représentent les principales actions du règne du roi, et qu'il compare les milliers d'estampes satiriques dirigées contre Louis-Philippe. Si le roi n'apparaît pas dans ces improvisations avec plus de caractère, je consens à reconnaître avec Louis-Philippe que M. Alaux était un coloriste.

Le roi fut récompensé, pourtant, de ces attaques excessives ; la caricature resta presque muette à son départ. Je rencontrai Daumier peu après les événements de 1848 :

« Ah ! me dit-il, je suis fatigué des attaques contre Louis-Philippe. Un éditeur m'en commande une série, et je ne peux pas... »,

Le sens droit de l'artiste se révoltait à attaquer un homme renversé. Mêlé aux luttes, Daumier avait employé des armes excusables sous le coup des événements politiques ; il les jugeait méprisables contre un vaincu.

Obéissant à la flamme démocratique qui emplissait le cœur de la jeunesse, cet ennemi du pouvoir, l'œuvre du crayon terminée, rentrait dans la vie domestique et oubliait les agitations de la satire par de calmes entretiens sur l'art.

Les amis de Daumier, c'était tout un cénacle de croyants : le peintre du printemps Daubigny, l'élégant sculpteur Jean Feuchères, le pauvre Trimolet, l'ardent Préault, Geoffroy-Dechaume et Pascal, les restaurateurs de vieilles cathédrales, les peintres Armand Leleux, Meissonier, Steinhel, Bonvin, tous demeurant dans l'île Saint-Louis, en dehors du Paris vivant, tous pauvres, tous cherchant une modeste aisance qui leur permît de se développer, tous faisant des vignettes sur n'importe quoi pour n'importe qui : Steinhel dessinant de touchantes scènes de mœurs, Daubigny *illustrant* (le mot, cette fois, est exact) mille publications de riants paysages, Trimolet abandonnant la peinture où il a précédé Courbet dans l'admirable toile des *Sœurs de charité*, pour remplir les *Comic Almanacs* de comiques eaux-fortes; les sculpteurs Feuchères et Michel Pascal, obligés, pour vivre, de consacrer leurs ciseaux à l'industrie. Groupe de vaillants camarades qui, en même temps qu'ils cherchaient une voie, demandaient aux travaux de chaque jour la subsistance de leurs familles.

C'est ainsi qu'on doit à Daumier quelques vignettes *sérieuses* sur Louis XIV!!! Qu'on pense à un Michel-Ange faisant des grotesques pour vivre! M. Alexandre de la Borde préparait un ouvrage sur *Versailles ancien et moderne;* tout le cénacle de l'île Saint-Louis y travailla : Daubigny, Trimolet, Jacques, Daumier. Louis-Philippe aurait commandé à ce groupe d'artistes des travaux pour la galerie de Versailles, qu'ils eussent accepté, car ces ingénieux dessinateurs de vignettes, Daumier lui-même, sous leurs crayons cachaient des pinceaux.

« *Le bois est cher et les arts ne vont pas,* » telle est la légende d'une composition de Daumier, datée de 1834, et ce n'est plus une satire, mais une sorte de confidence au public.

Par combien de chemins détournés l'artiste s'égare avant de rencontrer la voie qui doit le conduire à une modeste aisance, c'est ce qui importe peu à celui qui voulant être amusé, ne s'inquiète guère des forêts touffues que l'artiste traverse, des obstacles qu'il a rencontrés sur la route, des épines qui l'ont déchiré, des jours où il s'est couché l'estomac creux ! A peine le public s'intéresse-t-il à ces récits quand, devenu maître d'une position incontestée, l'artiste offre à la jeunesse le spectacle d'une vie austère et difficile. Mais Daumier n'est pas de ces plaignards qui fatiguent de leurs confidences, et je note ce cri comme le seul dans son œuvre considérable. Il avait pris son parti de tout ; emprisonné pour sa première caricature, ne pouvant faire sortir de sa cellule des pierres satiriques contre le pouvoir, il peignait à l'aquarelle des compositions sous le titre de l'*Imagination*, qu'un autre lithographiait sans rendre l'accablante personnalité du maître[1].

Mais le séjour de Daumier à la prison nous a valu une belle composition : *Souvenir de Sainte-Pélagie*[2].

---

[1] Il en est de certains peintres comme des grands types de Shakspeare, de Molière, de Beaumarchais. Ni graveurs ni comédiens ne peuvent les faire passer devant les yeux du public. Qui se vantera d'avoir rendu par le crayon un *Don Quichotte?*

[2] Deux dessins de différente dimension ont été lithographiés par Daumier.

Un jeune républicain lit *la Tribune* à un artiste, qui, debout, l'écoute, tandis qu'entre eux, assis, un vieillard, la tête appuyée sur la main, recueille avec une profonde attention les paroles brûlantes qui s'échappent de la bouche du lecteur. A la façon dont sont traités les personnages, on juge que ce sont des portraits; en effet, Daumier a introduit, dans cette composition, deux de ses amis et un vieux compatriote appelé Massé, auteur d'un certain nombre d'ouvrages qui n'ont pas survécu à l'époque[1]. Accroupi au fond de la cellule, entre les deux jeunes gens, le Marseillais sent son cœur bondir aux imprécations du journal démocratique. Daumier a peint rarement une figure plus vraie que celle du Méridional à la figure ridée, mais dont les sensations politiques sont restées vibrantes.

— A la bonne heure ! s'écriait devant moi, à Montpellier, un vieillard de quatre-vingts ans qui entendait réciter des vers patriotiques.

A la bonne heure ! Je n'oublierai jamais ce cri et le son singulier qui sortit tout à coup de ce vieux gosier de Languedocien enthousiaste.

Daumier est de la race des Méridionaux qui conservent jusqu'à leur dernière heure une force et une flamme intérieures. Ces natures ont le privi-

---

[1] Entre autres *le Siége de Toulon*, roman historique, 2 vol. in-8°. Paris, 1834.

lége de ne pas vieillir, la croyance et l'enthousiasme étant profondément enfouis en eux : toute belle action, toute belle œuvre, tout retour à la liberté les enflamment, et ils s'écrient avec un accent de verdeur que ne connaît pas la jeunesse : A la bonne heure!

XIV

Les compositions politiques du *Charivari* de 1832 à 1835 n'ont pas l'importance des œuvres publiées par *la Caricature*. Pendant quatre ans, Daumier chercha sa veine, se pliant aux besoins du journal, faisant des portraits à la cour d'assises dans les procès criminels ou dans les procès politiques, tels que ceux de Fieschi et du coup de pistolet du Pont-Royal, entremêlant toujours la figure du roi à ces nécessités de pot-au-feu.

J'ai sous les yeux une feuille dont la légende est presque touchante : *Saint Philippe, roi des Gaules et martyr*. Satire attendrissante, parce qu'elle est vraie. L'homme fut réellement martyr sur le trône où l'avait conduit une ambition disproportionnée à ses forces, et, vers 1846, je ne pouvais rencontrer, sans un sentiment de pitié, le roi se rendant à Saint-Cloud, sans faste et sans escorte, près de ce Pont-Royal, où il avait été exposé à la balle d'un coup de pistolet mystérieux [1].

A cette époque, Daumier faisait danser une singulière danse aux amis du roi ; il a mis en branle, dans la série des *Bals de la cour*, en travestissant leurs noms, M. Royer-Collard, M. Madier de Montjau, le maréchal Soult, et M. Montalivet, sous le nom de *Montaugibet*, une plaisanterie qui fait penser à Camille Desmoulins appelant M. Mallet du Pan, Mallet *Pendu.*

Le sel gaulois, dans les moments de troubles, est grossier comme du sel de cuisine.

Annonçant sous le titre de la *Chambre non prostituée* un cahier de portraits des députés conservateurs, Philipon n'apportait pas dans ses écrits la fantasque réalité du crayon de Daumier, et on peut citer un morceau de sa prose comme échantillon de l'esprit du temps :

« Ainsi se poursuit cette grande galerie d'impro-

---

[1] Tout attentat a pour résultat de consolider le pouvoir. Ce n'est pas le crime qui décide de l'avenir d'un souverain. Le temps, ce grand vengeur, n'oublie rien, et quand l'heure mystérieuse a sonné, il apparaît, modeste et sans revendiquer sa part, avec des châtiments imprévus, laissant croire aux humains qu'ils sont pour quelque chose dans les révolutions.

stitués, dont le talent de M. Daumier est un gage de ressemblance, et qui sera si intéressante pour nos abonnés lorsqu'elle sera complète et qu'elle comprendra tout ce qui mérite d'être distingué parmi nos ventrigoulus. C'est un monument que nous élevons à la sottise contemporaine...

« Nous concevons tout l'intérêt qu'on porte à posséder au grand complet la série de ceux d'entre les improstitués qui se sont fait remarquer, soit par un plus grand nombre de vociférations, soit par un plus profond mutisme, soit par de plus épileptiques attaques de nerfs, soit enfin par une plus grande servilité de croupion dans les assis et levés qui ont battu sur les banquettes des centres. Nous continuerons cette espèce de ménagerie humaine... »

Telles étaient les violences d'un homme qui avait des idées et de l'invention, mais qui, dans la mêlée politique, perdait toute retenue. Ces lignes portent la date de 1832 : nombre d'articles de cette époque ont besoin d'être relevés par les touches mordantes de la caricature.

Seul, M. d'Argout échappa à l'âcreté des attaques des journalistes, protégé par le développement de son nez contre les acrimonies d'adversaires qui n'épargnaient personne[1]. M. d'Argout faisant dan-

---

[1] Il en était de même dans l'antiquité, où les poëtes satiriques

ser ses enfants sur son nez, la pluie surprenant la famille du ministre qui se tient à couvert sous les

narines d'un appendice aussi considérable qu'un large parapluie, sont des scènes comiques relevées surtout par la grosse joie du maître.

Daumier fut nourri de la moelle de Michel-Ange, de Rubens, de Jordaens, tous les maîtres puissants

se plaisaient à dessiner, dans de courtes pièces de vers, des profils de nez fantastiques :

« La maison de Zénogène était en flammes; et lui, pour descendre par la fenêtre, se consumait en vains efforts, ayant attaché ensemble de longues perches, mais sans atteindre le sol. Enfin il avisa le nez d'Antimaque, s'en servit comme d'une échelle et s'échappa, » a dit Léonidas dans une épigramme.

Un poëte anonyme de l'*Anthologie* dépasse encore Léonidas :

« Prochus ne peut se moucher avec ses doigts; il a, en effet, le nez plus long que son bras. Il ne se dit même pas : « Jupiter, sois-« moi propice, » quand il éternue; car il n'entend pas son nez : il est beaucoup trop loin de son oreille. »

Voir, page 81 de l'*Histoire de la Caricature antique*, un dessin d'après un bronze du cabinet des médailles.

qui n'ont pas craint d'envisager l'homme sous ses apparences robustes. C'est leur force qui a fait sa force. Leurs compositions ont laissé des traces dans ses groupes, et le secret de leur couleur a passé souvent dans des sujets jetés à la curiosité d'habitués de cafés, intéressés à deviner le *rébus*, et ne se doutant pas qu'à côté un viril crayon laissait à chaque coup son empreinte.

Le comique ainsi fortifié arrive à une puissance particulière dont sont étonnés les amis du grotesque vulgaire, car l'art convaincu qui plane au-dessus d'idées plaisantes, cause une sorte d'effroi aux êtres superficiels par la gravité que l'auteur apporte à son œuvre. Ils sentent qu'il y a là-dessous quelque croyance qui leur échappe; leur légèreté habituelle, leurs admirations pour l'anecdote du jour, leur sympathie pour la raillerie sans convictions, sont en désaccord avec des allures magistrales qu'ils ne soupçonnaient pas faire partie du domaine de la caricature.

Ces gens aiment les vulgarités coloriées des devantures de vitriers; l'idée les frappe surtout dans le grotesque; aussi tout manteau sérieux qui recouvre une idée satirique est-il troublant pour les natures d'une éducation esthétique incomplète. C'est ce qui a empêché la popularité de Daumier, et c'est pourtant ce qui le rend réellement digne d'être compté au nombre des plus grands artistes contemporains.

Une excellente farce du Palais-Royal qui a pour base la réalité des mœurs, fût-elle recouverte de mots saugrenus, compte plus dans l'avenir que les tirades vertueuses des auteurs de ces ennuis bourgeois appelés, on ne sait pourquoi, *comédies* par l'affiche du Théâtre-Français.

Sans doute le goût du populacier ne conduit pas à l'art, mais la cravate blanche à plis irréprochables en est certainement plus éloignée. Le comédien Dancourt avec son théâtre de troisième ordre nous en apprend plus sur les mœurs de son temps que le pleurnicheur La Chaussée.

Daumier laissera un jour une de ces réputations avec bien plus de force et de griffe; car, de 1830 à 1852, il a esquissé un immense panorama où défile la bourgeoisie, la force du moment, et autour de cette bourgeoisie tous les personnages marquants qui en sortirent.

C'est une œuvre considérable qui demande des semaines pour être feuilletée consciencieusement; mais ceux qui voudront bien oublier les improvisations forcées, les travaux à jours fixes, la représentation des événements du jour et même les vulgarités, ceux-là trouveront dans l'œuvre de Daumier une sérénité et une rare puissance, l'amour de la

LA PÊCHE
Dessin de Daumier.

famille, de la santé, la reproduction par le comique des laideurs de la civilisation, et, avec une conscience politique vibrante, un vif enthousiasme pour la liberté.

Et pourtant, l'homme, comme Mozart composant de petites valses pour les éditeurs de son temps, en fut réduit, dans sa jeunesse, à dessiner des alphabets pour les enfants !

Que ne fit-il pas? Les admirateurs de Decamps lui devront une interprétation de l'*Intérieur d'un corps de garde turc*, et, pour ce même salon de 1834, il lithographia en maître la *Vue d'Avignon*, d'après Paul Huet.

Chose singulière, autant les dessins politiques dont il a enrichi *la Caricature* sont traités avec certitude, autant les premières scènes de mœurs du *Charivari* sont timides et maladroites.

Des lithographies à la plume sur des sujets de chasse et de pêche font penser aux caricatures anglaises. Certaines planches rappellent les trivialités de Pigal.

Cependant, si on retranche de l'œuvre une trentaine de compositions, Daumier fut prompt à trouver son génie. Il le renforça, l'agrandit, fit plus tard de son crayon un instrument fantastique; mais il fut vite prime-sautier, et ne s'endormit pas dans la quiétude d'un succès facilement trouvé.

J'excepte toutefois de la personnalité du maître la série des *Orangs-outangs*, où Mayeux apparaît

sans offrir, ce que nous voyons ici, le comique de Traviès.

De 1833 à 1835, une partie de l'œuvre de Daumier est difficile à définir. Philipon avait introduit au *Charivari* un nouveau procédé lithographique dont tous ses collaborateurs devaient se servir; l'épaisseur de l'encre, la morsure maladroite des acides, font des caricatures politiques d'alors des barbaries où un œil exercé peut seul retrouver les hardiesses de mouvement de Daumier[1].

En contemplant les efforts de ce groupe de libres esprits qui ne reconnaissaient pas la fameuse *in-*

---

[1] La majorité de ces feuilles, presque aussi singulières que les images révolutionnaires du *Journal de Prudhomme*, n'est pas signée.

violabilité royale et se vengeaient sur le dos du monarque du *système de la responsabilité ministérielle*, on peut citer ce fragment d'un rédacteur du *Charivari* qui pronostiquait l'avenir de la caricature à un siècle de là, sans se douter que, vingt ans plus tard, le puits d'où sortait une eau si vive serait bouché :

« Lorsque nous jetons un coup d'œil sur cette période d'un siècle, si heureusement parcourue par *le Charivari*, et que nous feuilletons les quatre cents volumes in-quarto dont sa collection se compose, une pensée de regret traverse quelquefois notre esprit. Le temps est désormais passé de la caricature vive, mordante, acérée, telle que nos prédécesseurs savaient si bien la comprendre et si spirituellement l'exécuter. Où sont aujourd'hui dans notre vingtième siècle, si calme et si grave, ces types de charges bouffonnes que nous retrouvons dans les premiers trimestres du *Charivari*, et dont l'espèce semble s'être perdue avec les absurdités monarchiques et les préjugés littéraires de cette triste époque qui s'intitulait avec un orgueil si comique : « le siècle des lumières? » Je vous le dis : la caricature est morte.

« Si notre conscience de citoyens se réjouit de ce résultat, parfois aussi notre âme d'artiste s'en afflige; c'était un beau temps pour nous que ce temps de luttes et de combats journaliers. Combien nos devanciers y puisaient d'inspiration et de verve! Mais nous, que pouvons-nous faire aujourd'hui?? »

¹ *Charivari*, 1ᵉʳ avril 1855.

XV

A quelque temps de là fut représentée une pièce étrange qui devait décider de l'avenir d'un comédien et d'un caricaturiste, *Robert Macaire*. Un acteur de mélodrame, s'emparant des guenilles d'un personnage d'abord vulgaire, en fit le héros d'un poëme qui laisse bien en arrière le fameux opéra anglais du *Gueux*.

Les auteurs dramatiques avaient fait de *l'Auberge des Adrets* un noir mélodrame destiné à un petit théâtre. Frédérick Lemaître changea la nature de la pièce par la conception d'un assassin sarcastique associé à une sorte de Sancho timoré ; et chaque jour amena une variante à ce canevas complaisant qui se gonflait de railleries dont la bouffonnerie enlevait la réalité sanglante. Comme *le Barbier de Séville* contenait *le Mariage de Figaro*, *l'Auberge des Adrets* était grosse de *Robert Macaire*, et plus tard un homme de génie, séduit par ce type, trouva dans *Vautrin* un sort malheureux comparable à celui de *la Mère coupable* de Beaumarchais.

Ces trilogies dramatiques ont peine à se perpétuer dans leur succès ; pourtant il est impossible de séparer Frédérick, Daumier et Balzac à propos de cette œuvre [1] : trois natures surabondantes, inégales, enfiévrées, dont l'une, escaladant sans cesse les montagnes de la création, devait s'affirmer et grandir par son labeur obstiné, son regard profond et sa vie de Titan.

Le succès de *Robert Macaire* fut considérable ; mais le ministère trouvant qu'il y avait danger à se railler avec tant d'audace des lois et des institutions sociales, le drame fut interdit.

Ce fut alors que Philipon, sans cesse aux aguets, entreprit de donner une nouvelle vie par le crayon à ce type fameux, en enlevant toutefois le caractère sanglant qui au début avait caractérisé cette figure.

---

[1] Malgré les dénégations de Balzac, je ne peux croire que le Tourangeau gausseur n'ait pas vu sans plaisir la ressemblance de coiffure de Frédérick avec le toupet légendaire de Louis-Philippe, ressemblance qui fit interdire la pièce de *Vautrin*.

LA PÊCHE AUX ACTIONNAIRES

Dessin de Daumier.

Comme les intérêts matériels étaient à cette époque en ébullition, qu'une fièvre d'actions et d'entreprises faisait de Paris une immense rue Quincampoix, Robert Macaire devint la figure symbolique de l'inventeur sans inventions, du fondateur de compagnies sans compagnons, du bailleur de fonds sans caisse, du médecin célèbre sans malades, de l'illustre avocat sans causes, du négociateur de mariages sans dots, etc.

Tout ce qu'il y avait d'obscur et de véreux au fond des entreprises dans les mailles desquelles allaient se prendre de naïfs *Monsieur Gogo*, Philipon le conçut, et cette fois il put signer à côté de Daumier : Philipon *invenit*.

Une telle entreprise n'était réalisable qu'avec ces deux hommes. Daumier seul pouvait rendre de si hardies conceptions et traduire en traits de crayon enflammé de fines observations qui se résumaient le plus souvent en une phrase. Après Frédérick, Daumier communiqua une nouvelle vie à *Robert Macaire* dont le nom restera dans l'histoire de la caricature au dix-neuvième siècle.

Je n'ai pas connu Frédérick Lemaître à l'époque de cette création ; mais j'entrevois le comédien par ses dernières représentations, comme on juge d'une belle femme à travers les rides des années. Il existe pourtant une parenté entre Frédérick et Daumier ;

cette parenté c'est la flamme débordante qu'on craint de voir échapper du moule de l'art.

Ouvriers ardents qui rompent avec toute tradition et n'obéissent qu'à l'inspiration spontanée : tous deux introduisant la grandeur dans le trivial et ramassant dans le ruisseau un type déguenillé que, par une singulière puissance, ils ennoblissent et rendent héroïque.

Un critique qui reconnaît dans Robert Macaire « un admirable type, une très-belle création, » et qui voit dans le héros de *l'Auberge des Adrets* « Panurge, Sancho et Falstaff, surchargé de tous les Scapins de la comédie et de tous les Figaros, mais à force d'avoir vécu et joui, parvenu à la théorie complète du lucre et de l'assassinat, s'en faisant gloire et en riant, » ajoutait : « Ce grand type, créé par le peuple est resté à l'état de nuage populaire suspendu à l'horizon. Pas un homme de talent qui ait osé s'en emparer et en faire la critique du siècle[1]. »

Ce spirituel critique, qui a effleuré tant d'œuvres si diverses, ne me paraît pas s'être préoccupé des feuilles volantes qui parurent de 1836 à 1838. Le drame, la comédie, la parodie du siècle que l'écrivain réclame, ce sont les cent planches de *Robert Macaire* conçues par Philipon et traduites par Dau-

[1] Ph. Chasles, *le Dix-huitième siècle en Angleterre*, § 26, 1 vol. in-18. Amyot, 1846.

ROBERT MACAIRE

Dessin de Daumier.

mier. Il y a là des traits, des observations, des scènes qui en font la véritable histoire des mœurs et des fièvres d'agiotage de l'époque.

Robert Macaire, ayant fondé une association charitable, dit à Bertrand :

— Nous faisons là de la morale en action.

Et comme Bertrand toujours étonné regarde son patron toujours hardi dans ses conceptions :

— Oui, dit Macaire, de la morale en action..., en actions de 250 francs, bien entendu.

A ces satires des sociétés par actions, Philipon joignait des observations d'après nature que l'*annonce*, alors dans l'enfance, mettait en relief à la dernière page des journaux.

Un malade va trouver le docteur Macaire qui donne des consultations gratuites :

— Ne plaisantez pas avec votre maladie, dit le docteur en offrant deux bouteilles à son client. Venez me voir souvent, ça ne vous ruinera pas, mes consultations sont gratuites... Vous me devez vingt francs pour ces deux bouteilles.

Le malade paraissant inquiet de la dépense :

— On reprend le verre pour dix centimes, dit Macaire en le congédiant.

A cette époque, l'ex-forçat Vidocq avait fondé un bureau de renseignements. D'après le caricaturiste, Vidocq devient Macaire (l'incarnation n'était pas difficile), et en sa qualité de chef du bureau de renseignements, il reçoit une plaignante.

— Monsieur, on m'a volé un billet de mille francs.

— Très-bien, madame, j'ai votre affaire, le voleur est de mes amis.

— Pourrais-je ravoir mon billet et connaître celui qui me l'a pris ?

— Rien n'est plus facile. Donnez-moi quinze cents francs pour mes démarches, demain le voleur vous rendra le billet et vous remettra sa carte.

Ce sont là des fragments d'excellente comédie.

Personne n'échappe aux cent actes de ce théâtre aristophanesque.

L'abbé Châtel venait d'ouvrir les portes bâtardes de l'Église française. Macaire à bout de ressources, dit un matin à Bertrand :

— Le temps de la commandite est passé, occupons-nous de ce qui est éternel. Si nous faisions une religion ?

— Une religion, ce n'est pas facile, répond Bertrand.

— On se fait pape, on loue une boutique, on emprunte des chaises, on fait des sermons sur la mort de Napoléon, sur Voltaire, sur la découverte de l'Amérique, sur n'importe quoi. Voilà une religion, ce n'est pas plus difficile que ça.

Ici Macaire n'est qu'un miroir qui reflète, même

en les affaiblissant, les conceptions de l'abbé Châtel et des nombreux inventeurs de religions de l'époque [1].

Un autre jour Bertrand remarque que son patron est préoccupé :

— Qu'as-tu donc, Macaire, tu parais soucieux?

— Oui, je suis contrarié... Ces diables d'actionnaires m'ont tant tracassé que je leur ai donné un dividende.

— Un vrai dividende?

— Oui, je l'ai tout à fait donné.

— Que comptes-tu faire?

— Je vais tâcher de le reprendre.

On trouve dans d'autres planches de cette importante série plus d'une personnalité où percent les haines d'un parti contre l'audacieux transformateur de la presse politique, M. Émile de Girardin; mais l'aigreur et la rancune remplacent trop souvent l'esprit dans ces compositions, et celles basées sur des études de mœurs leur sont de beaucoup supérieures.

Robert Macaire qui a passé par toutes les professions, devient préparateur au baccalauréat.

— Nous avons, dit-il à un jeune homme qui se présente, deux manières de vous faire recevoir : la première, c'est de faire passer votre examen par

[1] Voir *les Excentriques*, 1 vol. in-18. Michel Lévy, 1852.

un autre; la seconde, c'est de vous le faire passer à vous-même.

— Je voudrais le passer moi-même.
— Bien... Savez-vous le grec?
— Non.
— Le latin?
— Pas davantage.
— Très-bien... Vous savez les mathématiques?
— Pas le moins du monde.
— Que savez-vous donc?
— Rien du tout.
— Mais vous avez deux cents francs?
— Certainement.
— A merveille... Vous serez reçu jeudi prochain.

Philipon a jeté son héros dans toutes les positions, depuis les plus humbles jusqu'aux plus élevées, et toujours les mots de Macaire sont admirables.

Bertrand mélancolique dit à son patron :

— Nous avons réalisé notre million, mais nous avons promis de l'or et nous ne trouvons que du sable.

— Va toujours, exploite ton capital. N'est-ce pas une mine d'or?

— Oui, mais après?

— Après, tu diras : Je me suis trompé, c'est à refaire, et tu formeras une société pour l'exploitation du sable.

Le timoré Bertrand se recueille et dit :

— Il y a des gendarmes dans le pays.

— Des gendarmes, tant mieux, ils te prendront des actions.

Ainsi s'explique Philipon en légendes gouailleuses, faisant de l'illustre forçat Collé, celui qui se jouait avec tant d'audace de l'armée et du clergé, un financier de premier ordre, un industriel la tête pleine de vastes conceptions et trouvant toujours le mot, même lorsqu'il abandonne sa patrie.

Daumier n'est pas resté inférieur au texte. Il a donné à Macaire et à Bertrand la vitalité d'un Oreste et d'un Pylade. Le débraillé succède au distingué, l'élégance aux guenilles. La cravate en ficelles, les habits rapiécetés, les bottes éculées, les chapeaux effondrés prennent sous son crayon des tournures héroïques. Ces deux hommes, jamais vulgaires, sont les dieux lares du temple de la Bourse et de hardies conceptions financières se lisent dans les traits de ces personnificateurs des sociétés industrielles de l'époque.

Un Cervantes pourrait seul expliquer la valeur de la figure de second plan de ce drame : comme Sancho, qui arrive quelquefois à surpasser Don Quichotte, Bertrand se dresse par instants au-dessus de Robert Macaire; mais toujours Sancho et Bertrand restent comiques en subissant les rafales de la misère et de la poltronnerie.

Dans ce drame crayonné, combien le dessinateur a-t-il laissé en arrière les vulgaires comédiens qui faisaient de Bertrand un complice médiocre ! Daumier l'a élevé à la hauteur de son patron et ce lierre dépenaillé arrive quelquefois à faire oublier le chêne qu'il entoure.

Robert Macaire et Bertrand devinrent en une dualité incessante la représentation moderne du Mercure des anciens. En eux ils résumèrent l'agent de change emportant la fortune de ses clients; la *hausse* factice et la *baisse* mensongère. Ils furent comme le corbeau sarcastique posé sur le toit du temple de l'argent; tantôt, placées par le caricaturiste sur les piédestaux de la Bourse occupés par le Commerce et la Navigation, ces deux statues servirent de patrons aux génies sans scrupules et sans le sou.

De telles interprétations sont dangereuses. On ne vit pas impunément en compagnie de pareils héros sans s'assimiler quelque chose de leur extérieur.

Dans les personnages que représenta plus tard Frédérick, le public retrouva certains accents de *Robert Macaire*, et le crayon du caricaturiste fut

affecté dès lors d'une sorte de ricanement qui fait penser au bruit de la tabatière grinçante du héros des Adrets.

Toutefois de la publication de *Robert Macaire* date dans l'œuvre de Daumier un entrain particulièrement sarcastique qui allait s'attaquer au masque comme aux mœurs de la bourgeoisie.

Le matériel de l'art m'intéresse peu, et je ne m'inquiète pas comment le sentiment que l'artiste avait du mouvement, de l'ombre et de la lumière, se traduisit en tailles et en hachures énergiques; mais sa main trouva pour ces nouvelles publications une indépendance qu'on ne rencontre que dans les esquisses des grands peintres. Tout le feu dont était remplie l'âme du maître put se traduire spontanément sur la pierre sans être gêné par le métier.

Dès lors Daumier retraça ses observations avec la spontanéité du cri qui s'échappe de la poitrine d'un orateur.

XVI

Il arrive quelquefois qu'un excès de dévotion chez une sœur produit le scepticisme chez un frère. Daumier, pour avoir peut-être trop entendu parler de tragédie par son père, fut porté naturellement à des satires contre la machine tragique.

Par ses poëmes, Jean-Baptiste Daumier, le vitrier, témoigne certaines aspirations, et sa croyance à la poésie, quoiqu'elle soit commune aux natures méridionales, n'en est pas moins un gage donné à l'art; mais le fils le plus respectueux sourit en secret d'un père qui déclame avec emphase :

> Allez, et que par vous mes Castillans fidèles
> Apprennent leur devoir à des sujets rebelles [1].

[1] *Œuvres poétiques* de J. B. Daumier, déjà citées.

On n'en connait guère de poëtes qui gardent pour eux de si belles rimes, et qui ne les récitent soit à table, soit en se levant ou en se couchant.

Si tant est qu'Honoré Daumier crut au génie tragique de son père, il en fut vivement détrompé par les railleurs de l'école romantique, dont les plus chauds partisans se recrutaient dans les ateliers de peintres et de sculpteurs. Toute tragédie était alors salie comme par de hardis polissons qui s'attaquent, le soir, aux marteaux des portes et les profanent avec des matières singulières. Le pauvre Racine supportait la charge, et l'école de David était accablée d'un tel mépris qu'elle a peine aujourd'hui à apparaître dans sa rigidité républicaine à nos yeux prévenus.

Sous le coup des idées générales qui étaient dans l'air, et quoique Daumier n'appartînt que par sa liberté de crayon au courant romantique, le caricaturiste s'empara des faits et gestes des héros de l'antiquité et les cloua dans une série railleuse, l'*Histoire ancienne*, composée à l'envers de l'enseignement de l'École des Beaux-Arts. Le grotesque fut rarement poussé plus loin. Toutes choses que la jeunesse apprenait à respecter dans les écoles furent travesties en crayons bouffons qui amenèrent à Daumier ces admirateurs légers qui, plus tard, devaient faire la fortune d'un *Orphée aux enfers*.

Cette fois, on tint plus compte à l'artiste du grotesque de l'*idée* que de son enveloppe. Le public voulut bien oublier ses fortes qualités et lui pardonner sa hardiesse, eu égard à son persiflage de l'antiquité.

Pourtant l'*Histoire ancienne* de Daumier restera une date dans l'histoire de l'art, comme au seizième siècle la mythologie déjà travestie[1].

Nous sommes actuellement dans un courant d'idées plus large, et l'antiquité, délivrée des imi-

---

[1] Voir les grotesques d'une collection rassemblée par l'abbé de Marolles, sous le titre de *Facéties et Pièces de bouffonnerie*, t. I; Bibliothèque impériale, cabinet des estampes. On y verra *le Beau Ganymède, Jupiter jette-foldre, le Bellissime Narcisse*.

Kreutzberger d'après Daumier.

TÉLÉMAQUE INTERROGÉ PAR LES SAGES.

tations du premier Empire, nous apparaît dans ce qu'elle a de véritablement fécondant.

S'ensuit-il de là que la mythologie et les héros de l'histoire ancienne doivent être à l'abri de la caricature?

On a dans ces derniers temps crié au blasphème et invoqué les dieux vengeurs par la raison que des vaudevillistes avaient transporté, sur des théâtres de second ordre, Orphée, Ajax, Hélène, Agamemnon, Télémaque, etc.

La négation de Dieu a mis en éveil moins de plumes que la négation de Jupiter, et cette querelle m'a fait songer à l'étrange colère du Poussin recevant dans la ville éternelle un livre de Scarron :

« J'ai reçu du maître de la poste de France, écrit Poussin à la date du 4 février 1647, un livre ridicule des facéties de M. Scarron, sans lettre et sans savoir qui me l'envoie. J'ai parcouru ce livre une seule fois et c'est pour toujours : vous trouverez bon que je ne vous exprime pas tout le dégoût que j'ai pour de pareils ouvrages. »

Un an après, la colère du Poussin n'était pas passée :

« J'avois déjà écrit à M. Scarron, en réponse à la lettre que j'avois reçue de lui avec son Typhon burlesque; mais celle que je viens de recevoir me met en une nouvelle peine. Je voudrois bien que l'envie qui lui est venue lui fût passée et qu'il ne goûtât pas plus ma peinture que je ne goûte son burlesque. Je suis navré de la peine qu'il a prise de m'envoyer son ouvrage; mais ce qui me fâche davantage c'est qu'il me menace d'un sien Virgile travesti, et d'une Épître qu'il m'a destinée dans le premier livre qu'il imprimera. Il prétend me faire rire d'aussi bon cœur qu'il rit lui-même, tout estropié qu'il est; mais au contraire, je suis prêt à pleurer quand je pense qu'un nouvel Érostrate se trouve dans notre pays [1]. »

Érostrate, voilà le grand mot. Ce pauvre Scarron, pour s'être diverti un instant et avoir fait trêve à ses douleurs en se jouant avec les héros de l'*Énéide*, devient un *Érostrate*. Ah! c'est qu'ils n'y vont pas de main morte les gens graves ou prétendus graves quand on touche à leurs idoles! Ils vous dénoncent à l'indignation publique, et s'ils étaient au pouvoir, comme des inquisiteurs ils feraient brûler sans pitié les braves gens qui essayent d'amener le rire sur les lèvres de leurs contemporains.

Les hommes voués au grand style ne comprennent pas la satire : je l'ai montré pour Aristote et Gœthe. A ces esprits austères, auxquels s'ajoute le

---

[1] Rome, 12 janvier 1648. *Collection de lettres de Nicolas Poussin*. Didot, 1824, in-8°.

Poussin, il manque une corde, et, chose bizarre, cette corde ne manque pas aux satiriques. Qui admire le *Roman comique* peut passer des heures contemplatives au Louvre devant *les Bergers d'Arcadie*.

Elles sont légitimes les imprécations du poëte Érycius gravant sur la tombe d'un jaloux : « Bien que la terre le recouvre, versez encore de la poix sur Parthénius, dont la bouche impie a vomi contre les Muses le venin d'abominables élégies. Il a poussé l'audace et la folie jusqu'à appeler l'*Odyssée* de la boue et l'*Iliade* une ordure. Aussi est-il enchaîné au milieu des Furies, sur les bords du ténébreux Cocyte, avec un collier, comme un chien. »

Mais le « *Pus atque venenum* » d'Horace n'a rien à voir avec des parades sans fiel et sans prétentions, dont la représentation n'est pas même sans utilité.

J'ai noté, en sortant d'une bouffonnerie *qui me fit relire la nuit quelques pages d'Homère*, mon impression exacte. Je la donne telle quelle, non comme un article de foi, mais comme la sensation produite par le spectacle d'une farce dont cent mille spectateurs ont fait la fortune :

« Une représentation de *la Belle Hélène*, au théâtre des Variétés, m'a momentanément diverti.

« — Musique-chahut et littérature-chahut, dit-on.

« Il y a au fond d'une telle frénésie du grotesque une certaine dose de réalité que certainement les auteurs n'ont pas cherchée.

« L'*Entrée des rois* contient son enseignement.

« Cette représentation m'a fait penser à Homère et à Aristophane. Dans lequel des deux dois-je chercher le plus de connaissance de l'antiquité? Est-ce Tite Live qui servira de guide dans Rome ou Plaute? Faut-il se renseigner auprès du poëte ou auprès du satirique, auprès de l'historien ou de l'auteur critique, auprès du moraliste ou auprès du peintre de grotesques!

« Il y a un milieu entre le Parthénon et la rue aux Ours, car toute ville est affligée d'une rue aux Ours.

« Le beau sans le trivial cesserait d'être admis comme beau.

« Toute chose a besoin de son repoussoir, et voilà pourquoi il n'est pas inquiétant de voir le divin Homère contrôlé, même par les cornets à pistons d'Offenbach. »

XVII

L'ambition de certaines femmes va loin, si considérable que soit leur rôle dans la société. Combien de ces jupons qui, grâce à quelque jeunesse, s'improvisent écrivains, poëtes, romanciers, *penseures?* Ce sont ces dernières surtout que Daumier a poursuivies de ses satires et qu'il a peintes sans colères, mais sans ménagements.

Bas-bleus humanitaires; dramaturges femelles sifflées à l'Odéon; maigres blondes lisant leurs poésies en petit comité; femmes fortes fumant; malheureuses sans orthographe allant frapper à la porte des éditeurs; mauvaises ménagères négligeant leurs enfants pour s'occuper de questions

sociales forment le grotesque défilé des *Bas-bleus*.

Les hommes qui aiment le plus la femme en arrivent à des railleries pleines de pitié quand ils pensent à l'avenir que se préparent ces pauvres êtres avides de noircir du papier. Quelle force ne faut-il pas déjà à l'écrivain pour résister à l'envie, à la calomnie qui ont droit sur sa personne, sa vie privée, ses actes publics! Aussi est-ce un spectacle lamentable que celui donné par une femme de lettres, à qui l'avenir demande compte de ses affections, du rôle que joue dans ses œuvres un Antony des Batignolles!

La femme a des enfants; ils ont de singuliers exemples sous les yeux! Et quelle tenue gardera le mari d'une femme célèbre? Si cette femme aux

UN ANTONY DES BATIGNOLLES
Croquis par Daumier.

« aspirations sérieuses » a le malheur de jeter les yeux sur des livres philosophiques, quel cahos ces lectures amènent-elles dans les cases d'un cerveau que la nature n'a pas formé pour recevoir de telles charges!

La révolution de 1848 mit en ébullition de graves questions sociales qui, depuis quelques années, occupaient les esprits; et comme certains des utopistes qui prétendaient résoudre ces questions étaient extravagants, ce fut autour du drapeau de ceux-là que les femmes « avancées » s'enrôlèrent.

La série des *Divorceuses* de Daumier roule sur le divorce tel qu'on le comprenait au Club des femmes;

à chaque feuille l'*émancipation* du sexe féminin y est prononcée.

Ceux qui reprochent au caricaturiste de ne pas comprendre la femme peuvent jeter un coup d'œil sur la planche n° 2 de cette suite (1848). Dans une lithographie, blonde comme une esquisse de Rubens, une grosse personne coiffée à la chinoise et une femme maigre aux cheveux en saule pleureur regardent avec pitié une mère de famille qui fait sauter son enfant sur ses genoux.

— Qu'il y a encore en France des êtres abrupts et arriérés! s'écrie une des divorceuses; voilà une femme qui, à l'heure solennelle où nous sommes, s'occupe bêtement de ses enfants!

Rarement Daumier a composé un groupe plus charmant que celui de la mère et de l'enfant. Le drame se passe à la porte d'une petite maison de campagne; et il semble que l'artiste, ayant des arbres à peindre, le jeu du soleil sur les contrevents verts de la façade blanche, ait voulu prouver sa tendresse de sentiments que relève le groupe bouffon des deux divorceuses épiloguant dans l'ombre.

Cette planche montre combien le maître a le sens du paysage, un sens qu'il lui a été rarement permis d'indiquer dans ses satires parisiennes. Aussi en profite-t-il dans les scènes en plein air, choisissant les quais pour théâtre de ses drames, suivant les bourgeois à la campagne, pour glisser à travers ses sarcasmes quelque arbre vert, quelque rivière rafraichissante[1] !

Dans l'île Saint-Louis, Daumier, heureux d'échapper au travail de l'atelier, grimpait souvent la petite échelle de meunier qui conduit à une plateforme élevée. Là, sur le quai d'Anjou, au plein cœur du vieux Paris, se déroulent les rives de la Seine; en face sont étagées les hauteurs arides de Montmartre et les sombres verdures du cimetière du Père-Lachaise : paysages parisiens dont le maître s'est servi volontiers pour fond de ses compositions.

Un arbre chétif sur le pli d'une colline, de pâles maisons entassées, un ruban contourné de cette Seine que madame Deshoulières a chantée dans un joli vers; sur un coteau éloigné, une petite masure que le caricaturiste a peut-être rêvé d'habiter loin des misères de la ville : tels sont les motifs favoris qui ont permis à l'artiste d'introduire l'air, la lumière et le soleil dans quelques-unes de ses compositions; mais ce sont des

---

[1] C'est par les esprits railleurs que la nature a été peinte le plus sincèrement : ne se montrant que par échappées, elle n'est pas soumise aux placages de convention dont les faiseurs de descriptions ont tant abusé de nos jours.

cas peu fréquents dans une œuvre considérable où l'homme est plus particulièrement représenté dans sa boîte de plâtre, livré à mille ridicules d'intérieur[1].

Les *Femmes socialistes*, qui, en 1848, avaient juré guerre aux hommes comme les héroïnes de *Lysistrata*, sont la continuation des *Divorceuses*. Quelques spirituelles légendes de cette série don-

---

[1] Un jeune écrivain (la jeunesse aime Daumier), entre tous ceux qui ont dignement parlé de l'artiste, a fait remarquer qu'il rend la nature en poëte, et que si quelque figure bourgeoise se détache du paysage, elle fait tache et même « souillure, » tant l'homme des villes paraît misérable et funèbre au milieu des verts sourires du sol et des splendeurs de la lumière. Le mot *souillure* est vif, mais la pensée est juste de l'antagonisme entre le bourgeois et la verdure.

neront le ton de la chanson qu'a rehaussé Daumier de sa grave mélodie, comparable aux airs solennels que les buveurs du dix-septième siècle chantaient sur des paroles facétieuses.

« Comme vous vous faites belle, ma chère ! » dit une femme socialiste à son amie. — « Ah ! c'est que je vais à un banquet présidé par Pierre Leroux, et si vous saviez comme il est vétilleux pour la toilette ! »

Malices innocentes dont souriait l'honnête philosophe, inventeur de la Triade, si connu par le désordre de ses habits.

Une autre estampe représente un mari qui veut empêcher sa femme d'aller « communier avec huit cents frères à la *barrière du Maine*, » dans ces agapes où les citoyens cuisiniers faisaient de si mauvaise cuisine et les citoyens orateurs de si mauvais discours !

Celui qui a assisté aux singuliers spectacles donnés par le club des femmes trouvera modérées les railleries du caricaturiste. Paraître en public, monter à la tribune, prononcer des discours, que ces femmes étaient fières ! Mais combien les malheureuses furent châtiées de leur manque de pudeur !

La plume se refuse à donner une idée de la tournure que les assistants infligeaient à de certains mots inoffensifs, qui devenaient tout à coup cyniques et révoltants par les interruptions et les huées. Par de brusques arrêts infligés à chacune des syllabes sortant de la bouche de l'orateur, la foule obtenait des scandés érotiques à faire rougir un corps de garde.

Pauvres femmes!. Intérieurement chacun les plaignait d'être en butte à de si cruelles hontes. Les plaindre? Elles étaient fières de leur rôle de martyre!

Le front haut, l'œil enflammé, le geste ardent, elles se dressaient sur la tribune, essayaient en vain de conjurer le tumulte et se retiraient, présidente en tête, devant les huées, rouvrant le lendemain les portes du club, et condamnées de nouveau par la foule aux mêmes châtiments.

Ce spectacle remuait les femmes. Elles jouaient un rôle dans la Révolution! Les insultes glissaient sur elles sans atteindre leur vanité.

C'est dans ces moments de troubles qu'il faut étudier la femme aventureuse. La lutte l'enhardit. Que lui importent caricatures, attaques, pamphlets? Tous ces coups, elle les endure comme un cataleptique, sans se plaindre, sans en souffrir.

Je pense à un Hogarth jeté en pleine révolution. Il eût déroulé une suite de tableaux commençant par une heureuse union où la femme remplit humblément ses devoirs de ménagère, car les sati-

riques, depuis Molière jusqu'au rhéteur Proudhon, ne reconnaissent qu'une condition pour la femme : « ou courtisane ou ménagère. » Par quels chemins la femme est condamnée à passer pour respirer de folles brises de liberté, c'est ce que Hogarth eût indiqué par son pinceau moral, qui n'eût pas reculé devant un châtiment à infliger à la clubiste.

Le crayon de Daumier, brutal en apparence, raille

avec bonhomie, sans pousser la satire jusqu'à son extrême conséquence. A peine laisse-t-il entrevoir

le morne écriteau du mont-de-piété, qu'il abandonne aussitôt pour revenir à son rire sans fiel qui est de la nature de celui des sceptiques et des observateurs : de Montaigne, de Rabelais et de Molière.

XVIII

En quinze ans à peu près, suivant l'événement du jour, Daumier a crayonné, sous le titre d'*Actualités*, une sorte de livre personnel qu'il pourrait appeler *son* journal. Nouvelles, croquis de la rue, caractères et maximes, esquisses à la légère, cancans du jour, préoccupations du badaud, jusqu'aux crises politiques qui tiennent en éveil la nation, y sont relatés jour par jour. C'est une des faces curieuses d'une œuvre à l'aide de laquelle on reconstituera plus tard les misères de la vie privée et de la vie politique.

Tout d'abord Daumier rencontra des amis qui, comprenant l'homme, plantèrent des jalons là où le maître devait élever un monument; au début un tel unisson exista entre les écrivains et le caricaturiste, que la légende de ceux-ci était méditée en vue des reliefs de celui-là [1].

Les *Actualités* furent la représentation de certaines scènes parisiennes : ballons de l'Hippodrome, festivals des orphéonistes, Chinois au Jardin des Plantes, magnétiseurs, potichomanie, macadam, longévité prônée par M. Flourens, apparition de la crinoline, Aztecs devant les savants, retour de la Californie, arrivée de M. Hume, quadrille des lanciers, prédictions de M. Babinet, turcos au camp de Saint-Maur, pisciculture propagée par M. Coste, beefsteaks de chevaux par M. Geoffroy Saint-Hilaire.

C'est la chronique railleuse des événements du jour, le fait-Paris, traduit en dessins burlesques et gouailleurs.

Tout ce qu'on dit dans cette immense loge de portiers qu'on appelle Paris (commentaires sur l'impôt des chiens, unité des poids et mesures, tarif des fiacres, arrêtés municipaux sur la boucherie, infortunes du docteur noir, construction des halles, eau du puits de Grenelle, démolitions parisiennes, loterie du lingot d'or, etc.), fut recueilli par Daumier au courant du crayon, le dessin pour-

[1] Depuis une vingtaine d'années, les motifs et les légendes des principales séries de Daumier sont dus à M. Louis Huart, directeur du *Charivari*.

tant déguisant presque toujours la pauvreté de l'étoffe.

L'artiste, qui avait besoin de larges espaces pour les remplir de sa fougue, dut plus d'une fois souffrir de traduire des dialogues de concierges et de boutiquiers, comme aussi, pendant la guerre de Crimée, il fallut représenter, suivant la tradition des bonnes femmes, de fantastiques Cosaques,

mangeurs de chandelles, qui doivent rire autant des Français que nous rions des provinciales anglaises qui nous traitent de « mangeurs de grenouilles. »

Les guerres de Crimée et d'Italie fournirent cependant, quoique péchant par une certaine uniformité, quelques motifs nouveaux; mais, en 1858, l'homme était fatigué de ces improvisations crayonnées.

La censure pèse vivement sur la caricature et l'accable. Daumier ne pouvant traiter que des scènes de mœurs, y était revenu à tant de reprises que le champ commençait à s'épuiser. Aussi, pendant ses dernières années de collaboration au *Charivari*, la main a-t-elle plus de part que l'esprit dans ces compositions où se sent une sorte de déroute.

L'artiste, tyrannisé par le démon de la peinture, ne s'asseyait qu'à regret vis-à-vis de la pierre lithographique; il fallait que, pressé par le journal, Daumier s'attelât, au dernier moment, à son travail du mois, qu'il accomplissait le plus souvent à la lueur de la lampe.

Huit pierres en une nuit fiévreuse, telle était, me dit-on, la besogne forcée du Méridional; après quoi il rêvait à sa chère peinture qui lui apparaissait comme un mirage trompeur.

On pense quelles brusques singularités de crayon amena ce travail nocturne. De 1856 à 1858, ce ne sont que profils à peine indiqués, ombres et lumières étranges qu'on pourrait croire d'un artiste affaibli. Pourtant l'artiste était dans toute sa force. Mais c'était un Aristophane sans comédiens!

Combien l'homme regrettait le beau temps de 1835, où tout le feu de sa jeunesse passait dans de grandes compositions. Combien encore dut-il regretter la République, quoique tiraillée par tant de partis que tour à tour l'artiste avait peints en toute liberté! Car la République de 1848 fournit encore nombre de thèmes à l'œuvre du caricaturiste, dont l'idéal était enfin réalisé.

Il faut voir apparaître, dans le fond de ses dessins satiriques, la République majestueuse et illuminée par un nimbe rayonnant. Telle elle est traduite dans sa noblesse par une main d'habitude sarcastique, telle elle fait juger la pureté du moule animique d'où, radieuse, elle s'élance. Pour représenter cette idéale figure, le crayon s'ennoblit, les lignes s'épurent, toute trace grimaçante disparaît, faisant place à la pure fiction rêvée par tant de grands esprits.

On a des preuves de la modération que l'artiste apporta dans la peinture des hommes pendant la période républicaine. De 1848 à 1850, il donna les portraits des principaux membres de la Constituante et de l'Assemblée législative; quelques-uns sont marqués de traits satiriques, mais combien éloignés de la violence qui présidait aux portraits des pairs de France de 1834!

C'est dans les *Actualités* qu'il faut suivre la fin

misérable de la République. Daumier y a peint en
traits ineffaçables les médecins qui s'empressaient
autour de la malade, lui tâtaient le pouls, hochaient
la tête et donnaient des remèdes impuissants, hostiles ou dangereux.

M. Molé et M. Thiers, M. Proudhon, M. Léon Faucher, M. Odilon Barrot, M. Berryer, M. Véron, M. de
la Rochejaquelein, M. Dupin, M. Crémieux, le général Changarnier, M. Veuillot et M. de Montalembert,
le prince-président, ont souvent posé devant ce
crayon qui n'a plus la pointe injuste et brutale des
premières années du règne de Louis-Philippe. La
violence a fait place à une philosophique modération. Ce sont des pages railleuses, mais instructives.

Dans cette série apparaît la bourgeoisie taquine,
inquiète, révolutionnaire, réactionnaire, hardie,
peureuse, qui sait trop d'où elle vient pour ne pas
avoir peur d'où elle va.

Ce qu'elle veut, elle n'en sait rien. Fière d'avoir
chassé son roi, elle sent que la République non plus
ne sera pas difficile à renverser, et c'est alors que
dans ce but elle s'allie avec les partis les plus opposés, cherchant une force quelconque dans le sabre
du général Cavaignac ou dans le goupillon de Saint-Vincent de Paul.

La bourgeoisie a un vague pressentiment de son

agonie; mais voulant faire croire qu'elle existe encore, tous les hommes politiques que tour à tour elle a renversés de leur piédestal, elle les envoie chercher et se donne avant de mourir le plaisir de les entendre discuter.

De ces discussions, de ce cahos, de cette tour de Babel parlementaire rien ne sortira que de misérables intrigues. La bourgeoisie en connait le jeu depuis dix-huit ans : et pourtant, comme Sardanapale mourant sur le bûcher entouré de ses femmes et de ses richesses, la bourgeoisie entend que son râle soit dissimulé sous le bruit des parlottes politiques.

Il y a du Gribouille dans le tempérament bourgeois : le bourgeois qui craint le peuple trouve le moyen d'exciter la colère du peuple. Il a peur des coups de fusil et c'est à coups de fusil qu'il fait rentrer le peuple dans ses faubourgs.

Le *fait*, voilà ce qui préoccupe les bourgeois; les conséquences, ils n'y pensent guère. Élevés par des pères qui ont renversé la noblesse, cela les chagrine de subir le sort final de leurs pères, car ils n'ont pas le courage des royalistes et des révolutionnaires qui bravement, hommes et femmes, montaient sur les échafauds en 1793.

Tu ne périras pas sur l'échafaud, ô bourgeois! mais d'autres misères l'attendent pour avoir fait de l'opposition quand même. Tes enfants, plus sages que toi, te l'ont répété sur tous les tons. Tu n'as écouté ni poëtes, ni romanciers, ni peintres qui pendant dix-huit ans sifflèrent à tes oreilles : *Bourgeois,* à peu près sur le même air que tu chantais en cassant les carreaux de tes palais : *Des lampions !*

Et pourtant voici que la fin de ton règne arrive.

Appelle à toi la gauche, la droite, le centre, les légitimistes, les orléanistes, les donneurs d'eau bénite, les ennemis de la pensée, nul d'entre eux ne pourra s'opposer à ta fin misérable.

Ces oscillations politiques, cette agonie, ce râle de la bourgeoisie, par un suprême effort Daumier les a enregistrés sur la pierre ; mais, à partir de 1850, le peintre rentrait dans son atelier, essayant d'oublier les hommes par des peintures de hardis cavaliers dans la campagne.

Combien d'artistes attachés au carcan de la civilisation, rêvant à l'air pur du désert, ont dû s'écrier : Mon génie pour un cheval !

LE DÉSERT
Croquis par Daumier. (Extrait de l'*Autographe*.)

XIX

Un moment, en 1848, Daumier put croire qu'il échapperait à l'art satirique. Pour certaines natures qui avaient lutté sous Louis-Philippe, les journées de Février amenèrent un renouveau qui tira des cris d'enthousiasme du fond de plus d'une poitrine. Je me rappelle le mot d'un acteur considérable du mouvement de 1848, que je rencontrai dans la rue : « L'horizon ne vous semble-t-il pas agrandi? » s'écria-t-il.

La vérité est que j'errais sur les quais, ahuri des rassemblements, des députations d'ouvriers, des tambours qui, sans cesse remplissant la ville de bruit, favorisaient la flânerie chère aux artistes.

Beaucoup d'hommes de cette époque crurent à l'utopie égalitaire, et les plus sains n'échappèrent pas à la fièvre du moment, ceux surtout qui, depuis longues années, nourrissaient en eux l'idéal de la république.

Daumier salua l'an premier de la nouvelle ère par une peinture.

Le ministre avait décrété un concours public à l'école des Beaux-Arts, pour une figure symbolique de la République. Quelle exhibition! C'étaient des Républiques roses, vertes, jaunes; des Républiques entourées des attributs de 89 : chaînes brisées, triangle égalitaire, faisceaux, tables de la loi; des Républiques en robes de soie, en robes de chambre, en habits à ramages, en garde national.

Les artistes crurent naïvement que le mot de *concours* suffit à tout, à donner du talent, à faire germer l'enthousiasme. Aussitôt l'ordonnance parue au *Moniteur* qui décrétait qu'une figure-type serait choisie entre toutes, les peintres se mirent à la besogne.

— Allons, dégrafe ta robe, dirent-ils à la première fille venue, brandis une pique, mets le bonnet rouge sur le coin de l'oreille.

Au milieu de ce concours ridicule, qui pouvait remarquer une toile simple et sérieuse?

Une femme assise porte deux enfants suspendus

à ses mamelles. A ses pieds deux enfants lisent; traduction de la belle devise : *La République nourrit ses enfants et les instruit.*

Le peintre de ce symbole était l'homme qui, plein de foi dans la république naissante, avait remisé son crayon railleur.

Il n'obtint pas le prix : il s'appelait *Daumier!*

L'artiste exposa encore, au Salon de 1849, une libre interprétation de la Fontaine, *le Meunier, son Fils et l'Ane* : prétexte pour peindre trois joyeuses maritornes, qui s'égosillent de rire à regarder l'âne se prélassant comme un archevêque. Dans cette peinture étaient dénotées clairement les admirations flamandes (flamandes à la Jordaens) du caricaturiste.

A cette époque le maître, préoccupé du grand, esquissait de folles rondes de Silènes et tentait également de vastes compositions religieuses; mais il était facile de constater les inquiétudes de son pinceau s'épuisant en retours et retouches inutiles. Daumier eût dû peindre ses tableaux du premier coup, en un jour, s'imposer de ne pas les revoir et transporter sur la toile sa prestesse de crayon.

Combien sont dangereuses les aspirations d'un artiste à sortir du cercle où l'a enfermé la nature! Sujets religieux et mythologiques n'étaient pas du domaine de l'homme qui a tant observé la physionomie moderne.

Peindre avec un pinceau, à quoi bon quand le crayon peint si puissamment? La couleur tient-elle uniquement à des combinaisons de tons? Ce grand coloriste par le noir et le blanc était un Prométhée déchiré par le vautour de l'art. Dans ses rêves, Rubens devait sans cesse lui apparaître et le faire souffrir.

Ils sont rares les artistes dont l'œuvre sort naturellement de l'esprit comme la respiration s'échappe de la poitrine! Mais n'est-ce pas le propre des satiriques de traîner leur génie comme un boulet? La triste fin d'un Swift, d'un Sterne, d'un Hoffmann, montre quelles pensées cuisantes sont cousues à leur essence, dans quelles passions ils cherchent à les oublier et comme ils payent ces passions et ces qualités.

Le pinceau de Daumier longtemps se refusa à rendre nettement ce que son crayon enfantait avec tant de spontanéité. Des gnômes malfaisants salissaient les tons de la palette et remplissaient de brouillards la toile où devaient s'ébattre le soleil et la lumière.

Ils sont longs et pénibles les efforts des hommes, même ceux qui nativement sont les mieux doués, pour tirer quelque chose de leur fonds: là où de riches moissons récréent la vue, le laboureur a creusé dans un sol rebelle plus d'un sillon.

Ce ne fut guère qu'en 1860 que le peintre se débarrassa de ces entraves et put rendre la vie contemporaine par de vifs et gais fusains colorés.

XX

Il a été longuement parlé de l'artiste jusqu'ici, médiocrement de l'homme. C'est qu'à vrai dire la vie de Daumier fut toute d'intérieur, que l'artiste ne laissera pas de longs récits de voyage, et qu'il n'est pas de ces êtres prétentieux qui expliquent leur conception, l'analysent, la traînent dans les journaux et en font au besoin une profession de foi.

La biographie de Daumier gît dans son œuvre. Tout est pensée et méditation chez de tels hommes qui regardent passer la foule, étudient les passions et les vices d'après les traces qu'ils laissent sur le masque, et, timides, craignent de se mêler aux masses.

J'aurais pu dire les débuts de la vie de l'artiste,

ses années d'intime camaraderie de jeunesse où, dans la maison des nourrices du faubourg Saint-Denis, Daumier logeait en compagnie de Cabat, de Jeanron, de Diaz, plus encore préoccupé de couleur que de démocratie.

Peut-être le public eût-il désiré être initié à l'intérieur du caricaturiste; mais si je dis qu'il est marié depuis longtemps à une honnête femme qui n'a laissé entrer à la maison ni bahuts, ni cuirs de Cordoue, ni singes, ni hiboux, ne désillusionnerai-je pas les braves gens qui veulent voir dans tout artiste un personnage fantasque habillé d'un pourpoint rouge et arborant à son chapeau un plumet romantique?

Qui voudra se rendre compte de l'extérieur de l'homme le trouvera presque à chaque page de son œuvre, où il a donné de vagues croquis de sa personne, bonhomie, insouciance, sans-façon, nez au vent; mais ce qu'il n'a pas rendu, c'est son regard fin, des yeux pénétrants inspirant si peu de défiance que Daumier peut passer une nuit dans un poste de gardes nationaux, sans que ceux-ci se doutent de la présence d'un si dangereux compagnon.

J'aurais pu montrer le caricaturiste descendant de son atelier dans les salons somptueux de l'hôtel Pimodan, où vers 1848 la plupart des artistes de l'île Saint-Louis se réunissaient pour entendre les quatuors des grands maîtres de l'Allemagne. Quelquefois contre un panneau se profilait la figure mélancolique de Delacroix, et j'ai là été témoin de la profonde sympathie du peintre de *Faust* pour l'auteur de l'*Histoire ancienne*.

Si plus tard les héritiers de Delacroix trouvèrent dans un de ses nombreux portefeuilles des croquis d'après les *Baigneurs* de Daumier, cela n'étonnera pas les admirateurs des deux maîtres.

Les yeux gourmands de Delacroix, dans leur soif

d'études et d'observations, ne pouvaient assez se rassasier de lignes vivantes, de mouvements réels.

L'accentuation robuste des moindres croquis de Daumier enthousiasmait Delacroix, comme un cavalier qui, monté sur un élégant cheval arabe, s'arrête tout à coup pour admirer un cheval de brasseur.

Un grand fumeur que Daumier, ce qui rime avec grand penseur[1]! Si l'activité physique perd du ressort à cette habitude, la méditation y gagne. Sans doute quelque paresse se mêle aux tourbillons de la

[1] Les curieux qui s'occupent des questions d'hérédité ne trouveront sans doute pas inopportun le détail relatif au père de Daumier, tiré de la biographie en tête de ses œuvres : « Un goût prononcé pour la solitude et la méditation le tenait constamment éloigné de la société bruyante de ses compagnons de travaux. » De ce côté le caricaturiste tient de son père, et ces solitudes et ces méditations ont contribué puissamment à l'heureuse fécondité du maître.

fumée; mais la rêverie, l'analyse, la contemplation intérieure sont le contre-poids d'une mode à laquelle Descartes lui-même sacrifia. Que de silhouettes étudiées à la fenêtre de l'atelier dans l'indolent repos que laisse le tabac à l'esprit !

De longues observations sont nécessaires pour étudier la démarche de l'homme et la forme des nuages qui passent; les mouvements de celui qui cause et de l'ombre qui lentement s'avance sur le quai veulent des esprits aussi attentifs que celui du mathématicien qui cherche un problème.

Daumier obéissait à deux tâches : il est le seul caricaturiste qui se soit occupé des vibrations de l'âme remuée par les passions et de celles de l'arbre remué par les vents. C'est ce qui fait l'admiration que lui porte le bonhomme Corot, ce Théocrite mélangé de Gessner.

Ainsi s'entendaient et se comprenaient le peintre héroïque des souffrances morales modernes, le satirique puissant, l'artiste qui a tiré du paysage français des notes inaccoutumées de poétiques brumes, les trois plus vives personnalités de l'art contemporain, toutes trois méconnues de la foule pour avoir franchi des fossés qu'il est interdit aux philistins de traverser, toutes trois recueillant les injures de ceux qui ne pouvaient les suivre.

Daumier fut le seul des trois qui manqua de fortune ; mais il ne manqua pas d'enthousiastes, et il s'en aperçut quand, après un long repos, il rentra au journal dont il avait fait la fortune. Ce jour-là, l'île Saint-Louis fut en fête, et ses anciens compagnons de jeunesse fêtèrent son retour par un banquet auquel accoururent écrivains et artistes, peintres et statuaires, poëtes et critiques. Tous les esprits indépendants étaient là, les camarades des premiers jours, ceux qui vivent solitaires au fond de l'atelier et ceux qui rêvent méditatifs en face de la nature, ceux qui fuient les salons et ceux qui ne reconnaissent que le public pour maître, ceux qui aiment les qualités morales du vaillant satirique et ceux qu'attire sa modestie. Si l'annonce de ce banquet eût été répandue dans Paris, Daumier eût compté autour de lui non pas cent, mais mille enthousiastes, car, quelles que soient les passions mesquines qu'engendre l'art, toujours éclate un sentiment de respect et d'admiration pour le lutteur qui ne doit sa gloire qu'à lui-même.

Un orateur manqua à ce banquet d'où se dégageait l'antagonisme de l'art de ville et de l'art de cour. Corot, Barye, Théodore Rousseau, Daubigny, Michel Pascal et bien d'autres, autant d'artistes qui ne relèvent que d'eux-mêmes, obéissent à leurs sensations, ne s'inquiètent pas du goût du jour, natures indépendantes qui s'imposent et à qui rien d'officiel n'impose, principaux représentants de l'art de ville, qui seul a chance de durée, quand tant d'artistes vaniteux sont récompensés de leur vivant par la fortune et les honneurs des concessions auxquelles ils ont condamné leurs pinceaux.

L'art de cour, c'eût été une bonne leçon de le dire à la jeunesse qui se pressait autour du maître, peut agiter ses drapeaux, brillanter ses étoffes, modeler de fades sourires de courtisan : élégances superficielles qui passent avec l'homme ; mais l'art de ville sérieux jusque dans la raillerie, l'art qui ne reconnaît ni commandes ni commandeurs, cet art naïf et simple dans ses grandeurs, tel est le seul aux profondes racines, qui faisait qu'autour du maître s'étaient réunis des hommes animés d'un même sentiment pour lui offrir un banquet comme n'en connaissent guère les plus célèbres.

XXI

On ne saurait juger un artiste sans l'avoir suivi pas à pas dans sa carrière ; c'est une longue étude quand on a affaire à un de ces féconds producteurs dont l'imagination travaille comme l'eau d'une fontaine.

Il en est ainsi de Daumier, dont j'ai étudié l'œuvre feuille à feuille. Ce grand crayonneur laissera une immense fresque satirique de la bourgeoisie pendant la première moitié du dix-neuvième siècle.

Dans cette œuvre défilent les hommes au pouvoir ; les magistrats ; les industriels et les inventeurs ; les hommes et les femmes. C'est en même temps la légende comique de Paris et du Parisien dans ses affaires et ses plaisirs. Et il est

MÉNAGERIE PARISIENNE

Croquis par Daumier.

utile d'en donner un tableau analytique, car un volume in-octavo suffirait à peine à cataloguer les *quatre mille* compositions du maître.

ŒUVRES DE DAUMIER DE 1833 A 1860.

POLITIQUE.

Actualités. — Idylles parlementaires. — Physionomie de l'assemblée. — Représentants représentés. — Scènes parlementaires. — Souvenirs du Congrès de la Paix.

LA MAGISTRATURE.

Avocats et plaideurs. — Gens de justice. — Physionomies du Palais de Justice.

LES BOURGEOIS.

Beaux jours de la vie. — Bons bourgeois. — Journée d'un célibataire. — Baigneurs. — Canotiers parisiens. — Croquis équestres. — Comédiens de société. — Croquis dramatiques. — Fluidomanie. — Mœurs conjugales. — Potichomanie. — Types français. — Tout ce qu'on voudra. — Voyage en Chine.

LA PROVINCE.

Les étrangers à Paris. — Provinciaux à Paris. — Scènes de la vie de province.

LES ROBERTS MACAIRES.

Bohémiens de Paris. — Les annonces et la réclame. — Carottes. — Les faiseurs d'affaires. —

Les amis. — Flibustiers parisiens. — Mésaventures de M. Gogo. — Philanthropes du jour.

LES BAS-BLEUS.

Boursicotières. — Divorceuses. — Femmes socialistes.

ENFANTS.

Professeurs et moutards. — Les papas.

PARIS.

Les bons Parisiens. — Croquis de Bourse. — Parisiens en 1848. — Paris l'été. — Paris l'hiver. — Public du Salon. — Musiciens de Paris. — Portiers de Paris. — Messieurs les bouchers. — Types parisiens.

INVENTIONS.

Les chemins de fer. — Les hippophages. — Pisciculture. — Exposition universelle. — Société d'acclimatation. — Trains de plaisir.

VILLÉGIATURE.

Pastorales. — Pêche. — Plaisirs de la chasse. — Plaisirs de la campagne. — Plaisirs de la villégiature. — Raisins malades.

THÉATRE.

Histoire ancienne. — Physionomies tragico-classiques. — Tragédie. — Physionomies tragiques. — Croquis de théâtre.

ARTISTES.

Salons divers. — Scènes d'ateliers.

Il manque trois classes importantes à cette comédie humaine : le clergé, l'armée, la noblesse; mais Daumier fut le peintre satirique ordinaire du gouvernement constitutionnel, et condamné par là à ne peindre que des bourgeois.

Certainement Daumier n'a pas tenu un crayon pour le plaisir des esprits dits *poétiques*. C'est une des raisons pour lesquelles l'homme a été longtemps méconnu. Peu d'hypocrisies et de vices échappant à l'œil pénétrant d'un satirique pendant une période si longue, toutes les vanités blessées font corps et forment une vaste conspiration du silence que seul renverse le temps.

Honoré Daumier eut tout droit à la rancune d'une époque marquée des terribles initiales **H. D.** qui entrent si profondément dans les chairs. Un forçat évadé ne se vante pas de la marque qu'il porte à l'épaule.

Il existe un livre bien connu, l'*Histoire de dix ans*. A ce livre je préfère l'histoire de vingt ans crayonnée par le maître avec toute la flamme contenue d'un grand cœur froissé par les bassesses de la civilisation; mais la bourgeoisie, se reconnaissant dans un tel miroir, fit de vifs efforts pour cacher le miroir et l'empêcher de refléter son image grimaçante, quoique chaque trait témoignât du génie du peintre.

Ce titre d'homme de génie, prodigué si souvent, Daumier est un des rares artistes qui ait le droit de le porter. Il a résumé en lui les forces comiques des nombreux caricaturistes qui l'avaient précédé, et il a apporté dans l'exercice de son art un sentiment de la couleur qui fait de chacun de ses croquis une œuvre puissante.

A quelle race artistique se rattache l'homme, c'est ce qui m'a longtemps préoccupé, et pourtant sa facture forte et robuste en fait un compatriote de ces maîtres dont s'honore la Provence : Le Puget, les Parrocel, Granet, tous enfants de Marseille, d'Aix, d'Avignon.

Une planche de Daumier peut être mise en regard des plus hardies conceptions de l'art moderne. Pour la flamme, Delacroix seul pouvait lutter avec le *caricaturiste*.

C'est ce titre qui jusqu'alors a empêché Daumier d'être reconnu grand. Il avait la fécondité ainsi que tous les hommes doués exceptionnellement. On feignit de ne pas remarquer quelle richesse de tempérament se cachait sous ce gros rire.

J'imagine qu'à la naissance de Daumier, l'esprit du grand et du juste le dota d'éminentes qualités, tandis qu'à ses côtés se tenait une méchante fée qui, d'une voix aiguë, s'écriait :

— Tu seras le roi de la raillerie; mais je te condamne à ne pas montrer au public la noblesse de tes aspirations.

C'est ce qui cause la mélancolie des railleurs de l'humanité. Ils sentent en eux l'instinct du beau, sans pouvoir échapper à la mission qui les pousse à châtier les misères de la civilisation.

Le public reconnaît ces belles qualités plus tard, trop tard!

Alors sont étudiées les facultés de l'homme, et les esprits en avant font toucher du doigt sur ces feuilles semées avec tant de profusion, les vibrations d'une âme délicate blessée par le spectacle des *satisfaits* et des *ventrus*.

Alors les générations suivantes constatent que dans un coin se tenait à l'écart une nature honnête, sensible et robuste qui étudiait les vices des hommes de son temps et les traduisait par des masques puissants comme ceux du théâtre antique.

On voit au musée du Capitole à Rome la statue d'un faune. D'une main il tient un chalumeau; à travers sa chevelure percent deux petites cornes ; le buste enveloppé de draperies se termine par des pieds de bouc. Les yeux sont mélancoliques, le masque est à la fois doux et réfléchi. Sans les cornes, le chalumeau et les pieds de bouc, la statue pourrait représenter un philosophe de l'antiquité.

J'ai souvent pensé à Daumier en regardant ce marbre : chez lui aussi percent les cornes satiriques, et, quoique croyant à l'art élevé, partout il porte le chalumeau dans les trous duquel il siffle les vices et les laideurs de la civilisation.

STATUE DE FAUNE AU MUSÉE DU CAPITOLE, A ROME.

MAYEUX

C. J. TRAVIÈS

C. J. TRAVIÈS

I

Rechercher aujourd'hui les origines de *Mayeux* est déjà plus compliqué que le public ne se l'imagine : pourtant Mayeux a tout droit d'entrer dans l'histoire, tenant une place entre *Robert Macaire* et *Monsieur Prudhomme*, quoiqu'il n'ait pas la portée de ces types satiriques.

Toutes les fois que des figures semblables prennent corps et relief, qu'elles s'imposent pendant des années et qu'elles ne sont pas seulement issues de caprices parisiens éphémères, il est utile d'en chercher le sens, car leur durée est une preuve que, sorties du sein de la foule, acclamées par la foule, elles sont l'expression directe de la nature d'esprit d'un peuple à de certaines époques.

Il existe une Académie des Inscriptions qui dépense beaucoup de science à étudier des questions moins importantes. C'est une Académie des humoristes qu'il faudrait fonder pour rechercher les grotesques qui ont existé chez tous les peuples, dans l'antiquité comme dans le moderne, à Rome et à Athènes, à Yédo et à Pékin, à Paris et à Londres, à Venise et à Madrid, à Amsterdam et à Berlin, toutes figures utiles en ce sens qu'elles ont arraché un sourire à plus d'une lèvre plissée.

Quelle place Mayeux occupe-t-il dans l'échelle des êtres?

Marche-t-il côte à côte avec l'homme ou avec l'orang-outang?

Mayeux est-il une conception fantasque ou un personnage réel?

Qui le premier a tenu Mayeux sur les fonts baptismaux de la publicité?

Que représente Mayeux?

Quelle fut sa vie et quel gradin lui est réservé dans le Panthéon de la caricature?

Sa mémoire restera-t-elle parmi les générations futures?

Questions que j'essaye de résoudre à l'aide de l'é=

rudition, des récits des contemporains et de mes propres souvenirs.

Il en est de Mayeux comme du Karagueuz oriental, issu de Priape qui semble la mère Gigogne de tous ces bizarres personnages. Pulcinella, Polichinelle, Punch, sont peut-être les fils de deux pères : Maccus et Priape; de cette génération difforme, facétieuse, cynique et hardie me paraît descendre Mayeux, dont jusqu'ici Traviès avait été regardé comme le père.

Il le fut en effet matériellement; mais l'enfant ne reçut pas moins des grotesques, ses aïeux, cette part de ressemblance singulière qui dans l'ordre artistique comme dans l'ordre physiologique s'altère, disparaît, revient tout à coup, et reste encore un problème mystérieux pour les esprits philosophiques qui étudient les phénomènes de l'hérédité.

Tout d'abord, dans le masque, dans la lèvre supérieure développée à la Talleyrand, comme aussi dans les longues mains animales du bossu, je retrouve l'influence d'un autre Traviès, dessinateur au Jardin des Plantes et frère du caricaturiste. C. J. Traviès, dans sa jeunesse, fut frappé du développement des lignes animales et du profit qu'en peut tirer le peintre en les adaptant à la silhouette humaine. En effet, il ne dota pas seulement Mayeux du masque simiesque, mais encore d'une lubricité considérable, car le bossu n'apportait guère plus de pudeur dans le langage que le singe dans ses actes publics.

On regarde ces estampes en souriant, on n'analyse les discours de Mayeux qu'avec d'infinies précautions. Quelle langue pourrait donner l'idée de ce luxurieux Cantique des cantiques?

Tout dans Mayeux est de l'ancienne France et de l'ancienne caricature : les jurons, les apostrophes à la père Duchêne, car Mayeux parle d'amour comme Hébert parlait politique.

Et trente ans à peine nous séparent d'une époque qui s'amusait de pareilles crudités!

Traviès, quoique son rôle ne s'affirme guère

qu'en 1830, était un enfant de la Restauration. Il avait vu les succès de Boilly et de Pigal. On en retrouve des traces dans ses premières œuvres.

Traviès donna un corps et un esprit à un personnage qu'il appela Mayeux, et il le rendit populaire surtout à cause de sa bosse (la bosse a toujours amusé les enfants et les caricaturistes, qui sont de grands enfants).

L'ancienne caricature faisait de la bosse un moyen de succès aussi certain que l'avalanche de soufflets des Funambules. Boilly, duquel procède Traviès par certains côtés, a dessiné des groupes de bossus qu'il intitule *Études d'après la bosse.*

Vers 1828, la représentation d'un bossu avait de grandes chances de succès à la devanture de Martinet.

Plaisanteries qui ne sont plus du courant moderne, car tout se transforme, le comique comme la mode, l'esprit comme la crinoline.

Peut-être Traviès rencontra-t-il un bossu vert-galant, aussi plein de vanité que de fatuité amoureuse, qui oubliait sa taille et sa difformité pour suivre les grisettes de la rue Vivienne et leur conter fleurettes.

Charles Baudelaire, préoccupé des questions relatives au comique, a donné l'explication suivante de l'origine de Mayeux :

« Il y avait à Paris une espèce de bouffon physionomane, nommé Léclaire, qui courait les guin-

guettes, les caveaux et les petits théâtres. Il faisait des *têtes d'expression*, et, entre deux bougies, il illuminait successivement sa figure de toutes les passions. C'était le cahier des *Caractères des passions de M. Lebrun, peintre du roi*. Cet homme, accident bouffon plus commun qu'on ne le suppose dans les castes excentriques, était très-mélancolique et possédé de la rage de l'amitié. En dehors de ses études et de ses représentations grotesques, il passait son temps à chercher un ami, et quand il avait bu, ses yeux pleuraient abondamment les larmes de la solitude. Cet infortuné possédait une telle puissance objective et une si grande aptitude à la grimace, qu'il imitait à s'y méprendre la bosse, le front plissé d'un bossu, ses grandes pattes si maigres et son parler criard et baveux. Traviès le vit; on était encore en plein dans la grande ardeur patriotique de Juillet; une idée lumineuse s'abattit dans son cerveau : Mayeux fut créé, et pendant longtemps le turbulent Mayeux parla, cria, pérora, gesticula dans la mémoire du peuple parisien[1]. »

Cette explication, puisée sans doute à de bonnes sources, paraît plausible par certains points, mais elle en laisse d'autres dans l'ombre ; déjà les étymologistes pourraient demander comment fut formé le nom de *Mayeux*, d'une construction si heureuse qu'Eugène Sue le reprit pour en doter une des plus touchantes figures de femme du *Juif Errant*. Ce nom devait exister, car romanciers et peintres sont incapables de créer un nom si bizarre et si voyant.

Mayeux, procédant du singe, fut condamné aux penchants luxurieux. Que de discours séducteurs a-t-il tenus aux femmes sur les trottoirs! Que de rougeurs il a appelées sur les joues des « tendrons! » Combien ce *polisson* a-t-il fait baisser de paupières pour se garer de ses propos croustillants! Pas une

---

[1] Ch. Baudelaire, *Quelques caricaturistes français*. (*Le Présent*, revue européenne, octobre 1857.)

femme n'y échappe, car Mayeux, tour à tour confiseur, charcutier, boulanger, cordonnier (pour dames nécessairement), offre les produits de son comptoir et en tire des équivoques gaillardes que la langue latine voilerait à peine.

Aussi le bossu s'écrie-t-il avec un sourire de Priape : *Nom de D...! Mayeux, en fais-tu des caprices!*

On voit fréquemment Mayeux introduire dans les cabinets particuliers de restaurants à la mode, quelque jeunesse en bonnet qui baisse hypocritement les yeux ; mais le « scélérat » qui la conduit ne cache pas son jeu, et c'est d'une voix de triomphateur qu'il commande en entrant :

— *Des truffes, nom de D...! des truffes, garçon! des truffes comme s'il en pleuvait!*

Ces désordres coûtent cher au bossu, il est vrai ; et un juste châtiment lui a été réservé dans la planche où le dessinateur a conduit Mayeux chez le docteur Giraudeau de Saint-Gervais :

— Ah! si ma femme le savait! s'écrie Mayeux se repentant alors des malheurs qui manquent rarement aux coureurs de bonnes fortunes.

On s'étonne que Traviès ait commis la faute de marier Mayeux. Priape et Karagueuz sont plus nets dans leur rôle de célibataires. Si Polichinelle et Punch possèdent femme et enfants, la femme joue un grand rôle dans le drame anglais et français ; elle est nécessaire pour mettre en lumière quelques vices de leurs époux déjà si vicieux. Ou Mayeux devait rester célibataire, ou il faut s'en prendre au caricaturiste qui a laissé sa femme et ses enfants trop à l'écart, sans en tirer le parti que réclame toute figure introduite dans un drame.

La passion pour les belles n'a pu tuer l'ambition chez Mayeux ; dans cet ordre d'idées Traviès précède Henry Monnier, sans atteindre toutefois à l'épique création de *Monsieur Prudhomme*. Mayeux, vers 1830, fut surtout la représentation du boutiquier garde national pendant les premières années d'un gouvernement qui permettait à tant de gens d'ambitionner le pouvoir. Alors on vit Mayeux en grenadier, la tête couverte d'un riche bonnet à poils, moins gros que sa bosse, plus haut que toute sa personne. Mayeux représente déjà le vaniteux bonnet à poils, puni si cruellement aux premiers jours de la révolution de 1848.

En tant que grenadier, Mayeux s'inquiète du trône belge, de la défense de la Pologne, des barricades et de la pairie[1].

Mayeux, invité à la cour citoyenne, recommande à son tailleur que son habit « ne fasse pas un pli dans le dos, » et c'est de pair qu'il marche avec les nouveaux dignitaires. Rencontrant l'archevêque : « Comment se porte Votre Éminence ? — Très-bien,

---

[1] « Où Traviès avait-il rencontré, entrevu le type de ce héros ? Était-ce Falstaff, Polichinelle ? ou bien l'artiste, dans un jour de raillerie et d'humour, n'a-t-il pas pensé à tous les bossus qui se sont moqués de l'humanité depuis Thersite et Ésope ? Quoi qu'il en fût de l'inspiration, nous nous souvenons tous, hélas ! nous qui ne sommes plus les jeunes et qui avons déjà vu plusieurs révolutions, nous nous souvenons de ce garde national, prompt à la colère, jurant, sacrant toujours, fréquentant le château et les mauvais lieux, libéral, monarchique, mais licencieux et gourmand, fûté comme M. Thiers, atrabilaire comme Casimir Périer, attaquant, défendant la Charte et portant sur sa bosse le poids de toutes les iniquités de l'opposition ! » (*Gazette de Paris*, 8 septembre 1859.)

monsieur Mayeux; et la vôtre?» répond spirituellement le chef de l'épiscopat.

Le bossu ne s'arrête pas en si beau chemin; il se prend à envier les honneurs, les rubans, les dignités; on le voit grimper au mât de cocagne, symbole de l'ambition, à la cime duquel pendent des décorations et des portefeuilles de ministres, les caricaturistes donnant raison, par ces dessins, à l'aveu de Montaigne : « Puisque nous ne pouvons aveindre la grandeur, vengeons-nous à en mesdire. »

Mayeux, produit d'une révolution, devait un jour céder la place à un conquérant qui régna dix-huit ans en France, observa attentivement ses sujets pendant cette période et les traduisit plus tard dans une comédie à laquelle peu de chose manqua pour rester une œuvre vraiment aristophanesque, *Monsieur Prudhomme*.

Pourtant Mayeux, quoique sa personnalité ne se soit guère imposée plus de quatre années, reste une figure acquise à la postérité. Et c'est à juste titre que les rédacteurs chargés de l'énorme besogne du catalogue des richesses de la Bibliothèque impériale l'ont fait entrer dans les volumes consacrés à l'*Histoire*[1]; mais si cet ouvrage consacre la valeur his-

---

[1] *Catalogue de l'Histoire de France*, publié par ordre de l'Empereur. Paris, Didot, 1855-1864, 8 vol. in-4°. Une douzaine de numéros sont consacrés au bossu.

torique du bouffon, il atteste en même temps sa décadence.

Le bossu, criblé de quolibets, disparut tout à coup, laissant si peu de traces qu'un érudit, M. Bazin, le crut mort.

« Celui (Mayeux) qui pendant si longtemps occupa toute la France de ses exploits, de ses aventures, de ses infortunes, cet homme bruyant, malencontreux et railleur, qui nous fournissait une épigramme pour chaque sottise, une moquerie pour chaque déception, un trait malin pour chaque douleur; celui qui a le mieux jugé les événements de notre époque, qui semblait avoir personnifié en lui nos colères, nos enthousiasmes, nos crédulités, le type de 1830 et de 1831, le masque dans lequel, tous tant que nous sommes, nous pouvions sans chagrin nous reconnaître, parce que nous placions sur son compte, je dirais mieux sur son dos, toutes nos folies, toutes nos bévues; l'homme populaire, enfin, à qui nous devons d'avoir ri pendant dix-sept mois, a passé de vie à trépas le 23 décembre 1831, jour de sainte Victoire. Il est mort d'ennui, de tristesse, de consomption, d'une maladie dévorante et indéterminée à laquelle les médecins, toujours savants pour qualifier ce qu'ils ne peuvent guérir, ont donné le nom de « révolution rentrée. »

Et M. Bazin ajoute :

« Dans sa fosse, on a jeté des milliers de pamphlets, caricatures, protestations, proclamations, programmes, ordres du jour, tous faits par lui, sur lui ou pour lui, tous ayant quelque rapport à son existence, à ses affections, à ses méprises, à ses tribulations, et qui bientôt ne se trouveront plus que là[1]. »

M. Bazin se trompait. Mayeux n'était pas mort; mais, dégoûté de l'humanité, ayant renoncé à la coquetterie comme à l'ambition, le bossu vivait dans

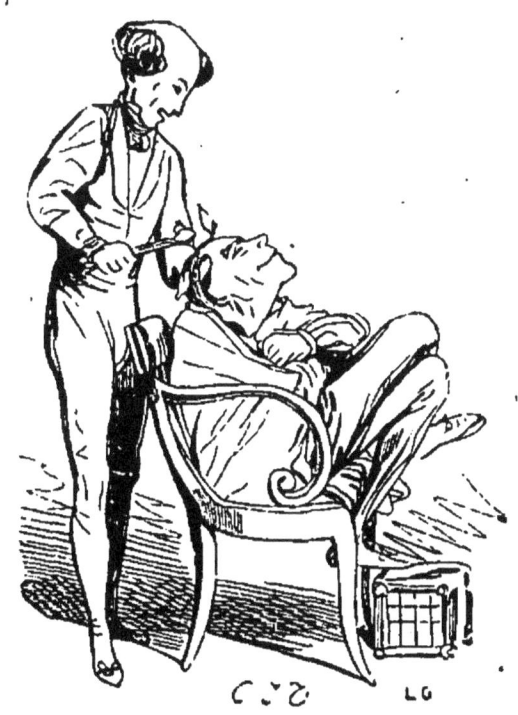

[1] A. Bazin, *l'Époque sans nom*, esquisses de Paris, 1830-1833, 2 vol. in-8°. Paris, 1833. Il est bon de constater que M. Bazin, le remarquable historien de Louis XIII, n'a pas cru déroger en s'occupant de Mayeux.

une obscure retraite d'où le tirèrent de graves événements politiques.

Le catalogue de la Bibliothèque a mentionné avec soin ses cris et ses écrits.

Du nouveau... Attention, nom de D...! Mayeux, tel est le titre d'un journal hebdomadaire que le bossu publie du 12 juillet 1831 au 30 mai 1832.

Vers cette époque, Mayeux sentant la popularité l'abandonner, rassemble en un volume ses productions éparses pour laisser à la France un monument digne de son nom :

OEuvres de feu M. Mayeux, de son vivant chasseur de la garde nationale parisienne, membre de sept académies, aspirant à l'ordre royal de la Légion d'honneur, et l'un des braves des trois journées. Épisode de l'histoire de France, 1832.

Plus tard, Mayeux, n'ayant pas obtenu les faveurs qu'il sollicitait du pouvoir, fait cause commune avec la démocratie :

Mayeux à la Société des Droits de l'homme (1833), où dans une séance mémorable il pousse le fameux cri : « A chaque crime, élevons un poteau, nom de D...! »

Une effrayante épidémie ravage la France. Mayeux essaye de la conjurer en vers et en prose :

La France, M. Mayeux et le choléra. 1833, brochure in-18.

PROJET DE STATUE A ÉLEVER A MONSIEUR MAYEUX.

Mais ce ne sont pas les dernières aspirations du bossu. La révolution de 1848 arrive, et chacun se rappelle quels revenants de toute sorte cette crise fit sortir : revenants politiques et revenants religieux. Leur nom ne porte plus; ces hommes font flotter de vieux drapeaux dont les couleurs sont à peine visibles. Des sectes religieuses persécutées sous l'ancien règne entreprennent de réédifier les murs de leur église à l'aide des pavés de barricades. Mayeux reparaît presque en même temps que l'abbé Châtel, son contemporain. Chaque utopiste fonde un journal pour exposer son système. Le bossu, lui aussi, publiera le *Mayeux, journal politique*, une feuille qui n'eut que six numéros (du 17 juin au 10 juillet 1848). Mais combien de journaux d'alors durèrent moins encore !

Le socialisme est une pomme de discorde dans la république : entre toutes les écoles, celle d'Icarie semble la plus menaçante. Mayeux feint d'être un de ces malheureux émigrants qui reviennent de Nauvoo, désillusionnés, contant leurs déceptions à leurs concitoyens pour les empêcher de tomber dans la même misère, et c'est sous forme de brochure réactionnaire qu'est lancée, en 1848, la brochure : *Voyage de M. Mayeux en Icarie. Ses aventures curieuses dans le pays de M. Cabet.*

Encore une fois Mayeux disparaît pendant les

troubles de la République. C'en est fait. Le bouffon est mort. Chacun le croit. Point. Il revient encore à un moment grave :

Mayeux l'indépendant, homme politique, etc., appelant les hommes du jour par leur nom. Suivi d'une revue critique sur diverses positions de sa vie et quelques pages sur l'événement du 2 décembre. Paris, Ledoyen, in-12 (1851).

A partir de ce cri suprême, Mayeux garda un silence prudent, et depuis treize ans il a abandonné tout à fait la scène où ses dernières apparitions, il faut le dire, ne remuèrent pas les masses.

Il en est des bouffons comme des hommes politiques de faible trempe qui restent trop longtemps dans la retraite. L'inaction les rouille.

Des générations nouvelles se groupent tous les dix ans, des rangs desquelles sortent de jeunes hommes sans respect pour le passé, et on peut affirmer, sans craindre de se tromper, que le vieux Mayeux est condamné à rester dans la coulisse, quoi qu'il arrive [1].

[1] « Un beau jour, on ne sait pas pourquoi, Mayeux mourut tout à coup. Sa bosse l'avait étouffé. Ou plutôt, si, je sais pourquoi il est mort, et je vais vous le confier. Ce pauvre bossu était patriote; il était libertin, mais il n'était pas filou; il avait des défauts, mais il n'avait pas commis de crimes; il souriait à la beauté, mais il ne crochetait pas les secrétaires; bref, M. Mayeux, malgré ses gros jurons, avait encore des illusions.....

« La société, en se perfectionnant, ne pouvait pas s'en tenir à ce bossu mal découplé; il lui fallait un héros plus habile, plus souple, qui eût plus de toupet et qui sût parler aux actionnaires. M. Mayeux présidant un conseil, distribuant des dividendes, eût été impossible. Il y avait en lui, malgré ses railleries, un côté paterne, et je dirai même paternel, qui le rendait insuffisant. Quand l'heure des grandes affaires fut venue, Mayeux disparut et Robert Macaire prit possession du pavé.....

« Le bossu mourut à l'heure où les illusions n'étaient plus possibles : c'est ce gredin de Robert Macaire qui, en venant d'assassiner ce bon Germeuil, a mis le pied sur Mayeux et lui a dit : « Allons! « meurs, bouffon naïf. La naïveté est morte! » (*Gazette de Paris*, déjà citée.)

II

Le peintre et l'historien de Mayeux, Traviès, nature souffreteuse et mélancolique qui mourut il y a peu d'années sans laisser d'autres traces dans l'histoire de l'art que quelques lignes nécrologiques, fut un être intéressant.

J'ai connu l'homme et je peux en parler, quoique mes premières relations avec lui ne témoignaient guère que je deviendrais son biographe.

Vers 1846, nous étions une bande de fous occupés à narguer la vie, et, à défaut d'argent, à la dépenser gaiement. Tout homme qui se présentait dans le cénacle y était admis sans difficulté, sauf à éprouver la malice de ces indisciplinés poëtes, musiciens, romanciers, journalistes, étudiants, flâneurs, dieux et apôtres.

A une table voisine d'un divan où nous nous réunissions, se tenait une sorte de grand échassier avec un nez de perroquet, qui éveillait la curiosité par son apparence mélancolique, sa longue taille voûtée, ses pommettes saillantes et de petits yeux où était tapie une sorte d'indulgence affectueuse pour nos farces. On l'appelait Traviès; il écoutait volontiers les imprécations de Jean Journet, et un jour il invita la bande turbulente à assister dans son atelier à une conférence que devait donner l'apôtre du phalanstère.

Le peintre ordinaire de Mayeux offrant l'hospitalité au disciple de Fourier me sembla particulièrement bizarre. Jeune, on ne sait pas combien certains de ces railleurs, arrivés à l'âge mûr, aspirent à l'utopie et méprisent la planche du comique sur laquelle ils se sont hissés. Ces faits se représentent fréquemment chez les natures timides qui rougissent de leurs gaietés de jeunesse.

De grandes compositions religieuses inachevées emplissaient l'atelier de celui qui avait prêté jadis à Mayeux des paroles si luxurieuses. Peut-être le peintre mélancolique au nez de perroquet espérait-il racheter son passé en favorisant l'éclosion de

« *la bonne nouvelle* » que l'excentrique Jean Journet prêchait partout.

L'apôtre commença son discours, le même qu'il nous récitait depuis un an tous les soirs. Fut-ce l'ennui de ce verbiage ou l'extravagance des souvenirs de Mayeux qui tenta l'un de nous? Toujours est-il que s'échappant sournoisement de l'atelier, il enfermait au cinquième étage, en emportant la clef, l'orateur et les auditeurs, sans respect pour le maître du logis, sans pitié pour ses camarades qui durent subir de onze heures du soir à sept heures du matin la terrible éloquence méridionale du phalanstérien.

Sans nommer l'auteur de cette mystification, j'avouerai que, seul, je pus rentrer chez moi rire à mon aise sur les cris fouriéristes et les cris civilisés que devait amener la fermeture de cette porte. Cela me paraissait une juste punition infligée au peintre qui, une fois de plus, nous avait condamnés au supplice d'entendre Jean Journet, un des plus terribles bourreaux que j'aie jamais rencontrés.

Étonné des affinités qui reliaient l'apôtre et le peintre, j'ignorais que déjà, jeune, Traviès avait été en quête d'une religion, faisant corps avec le groupe artistique qui se réunissait dans l'île Saint-Louis, autour d'un dieu, dit le Mapah [1].

[1] Voir *les Célébrités de la rue*, par Charles Yriarte, 1 vol. grand in-8°. Paris, Dupray de la Mahérie, 1864.

Preuve de grande faiblesse, que ces croyances en de pauvres diables sans le sou, prêchant dans

des mansardes sans feu; mais je n'ai pas à faire le procès d'une époque en ébullition qui crut à tous les utopistes, à tous les charlatans politiques et sociaux, aux magnétiseurs, croyances aujourd'hui démantelées, ce qui ne nous empêche pas de nous inquiéter en 1865 des tables tournantes et du spiritisme.

Ainsi s'accusait la nature inquiète et troublée

d'un homme qui plus tard reporta ces inquiétudes et ces troubles dans l'art.

Traviès avait pourtant livré au public un excellent portrait de Liard, dit *le chiffonnier philosophe*, et une telle œuvre faisait augurer mieux de l'avenir de l'artiste.

Ce Liard, sur le compte duquel couraient des légendes bizarres, un sac sur l'épaule, la casquette sur le coin de l'oreille, un bâton noueux à la main, passait d'habitude devant le café des Variétés, récitant quelque distique latin, et le bruit public en faisait un ancien vaudevilliste qui, devenu tout à fait philosophe, préférait vivre des chiffons de la rue plutôt que des chiffons de l'esprit du jour.

Liard, comme Chodruc-Duclos sous la Restauration, était une figure pour les Parisiens à qui il faut toujours un excentrique, et il importe peu que l'homme soit en guenilles pourvu qu'il sache les porter. De ce côté, le chiffonnier philosophe avait de l'allure. L'œil narquois, la bouche railleuse, sachant assez de bribes de Virgile pour étonner les badauds, fier du portrait de Traviès, il se promenait avec son crochet et son sac, posant un peu; car les Parisiens se disaient : « Voilà Liard. » Vanité de la famille de celle des comédiens, et dont il devait le développement à Traviès.

Rencontrant l'homme parmi les gens du peuple que son crayon se plaisait à reproduire, le dessinateur avait fait œuvre, non pas de caricature, mais de réalité, ce type caractéristique indiquant une figure particulière à la barrière du Maine, quartier qui aujourd'hui n'a plus de rapports avec celui de 1830.

C'étaient alors de vastes terrains plâtreux, des prés d'un vert pâle que tondait quelque maigre chèvre, des hangars de démolitions bordant les sombres boulevards extérieurs qui dès la brume appelaient le crime. De petites maisons clair-semées au loin attiraient l'œil par leurs murs peints en couleurs crues, sur lesquelles se détachaient en gros caractères des annonces de gibelottes et de vin à quatre sous. Horizon borné d'un côté par la Grande-Chaumière, de l'autre par la mère Saguet; ici les bals populaires, à deux pas le cimetière Mont-Parnasse. Toute une population d'ivrognes, de croque-morts, de rôdeurs de barrières, de voyous,

et, au milieu de ces gens sans aveu, quelques artistes qui les observaient pour les reproduire en lithographie. Ces parages sentaient la bouteille, la misère, l'ivrognerie, la mort, et il était de mode parmi les gens d'esprit et les peintres, depuis M. Thiers jusqu'à Charlet, de se mêler à ce peuple.

Traviès en tira rarement des motifs joyeux. Il y avait dans sa nature quelque chose de l'Irlande affamée, et il eût été le seul homme propre à illustrer la sinistre ballade de Thomas Hood, *la Chanson de la Chemise*.

« Homme de mœurs faciles et gaies, dit M. Burty, c'était sur les lieux mêmes que Traviès allait étudier ses types de chiffonniers et de buveurs émérites. A Montparnasse, le bal de *la Girafe*, rendez-vous des croque-morts en goguette, se rappelle encore ses écarts, et le cabaret des *Deux-Éléphants* lui a fourni plus d'une fois des types curieux et finement saisis de marchands d'habits, et de la race aujourd'hui éteinte des cochers de cabriolet. »

Je n'ai pas connu ce Traviès facétieux, le même qui, dit-on, ayant vidé plus d'une bouteille avec les croque-morts, se fit rapporter dans une voiture des pompes funèbres. « Sa muse, a dit un poëte qui jugeait bien son œuvre, est une nymphe de faubourg pâlotte et mélancolique. » Et il peignait l'homme ainsi : « Il est le prince du guignon. »

Sans doute les compositions relatives à Mayeux appartiennent au domaine du grotesque, mais déjà l'inclination pour le bossu déshérité des dons de la nature est la preuve d'une ironie concentrée.

Dans l'œuvre de Traviès se voient une plainte, une souffrance, une révolte, qu'il représente un pauvre grelottant de froid, une femme abandonnant son enfant au coin d'un carrefour, un malade isolé dans sa chambre, un misérable caché derrière un pan de mur, serrant convulsivement dans ses mains un bâton noueux, ou des personnages politiques abusant de leur pouvoir.

S'il peint un homme qui mange, cet être mange sans faim et pique dédaigneusement du

bout de sa fourchette un morceau qui lui semble amer.

Quelle différence avec le glouton traditionnel des Anglais qui, inquiet, avale d'épais morceaux, roulant de gros yeux hagards, de peur que quelque pique-assiette ne vienne s'asseoir à sa table!

Quelquefois Traviès a dessiné un bonhomme jouant avec son chat, une portière en extase devant son serin, célibataires sans familles, pauvres gens qui

LE GLOUTON
D'après une caricature anglaise.

DE LA CARICATURE MODERNE. 223

dépensent la somme d'affection qu'ils ont en eux pour des animaux ingrats; mais à ces tableaux de la vie domestique il préfère toujours quelque maladif balayeur des rues.

Les premiers croquis de Traviès sont de nature particulière, offrant quelque chose de naïf et de suisse-allemand qui ferait croire que l'homme était d'origine germanique [1].

[1] En effet, M. Philippe Burty, dans une notice de la *Gazette des Beaux-Arts* (septembre 1859), dit que Traviès de Villers (l'artiste cacha soigneusement sa particule nobiliaire) était né à Winterthuren, dans le canton de Zurich, de parents français émigrés.

Cette manière est d'autant plus significative en regard des élégants et robustes croquis de Gavarni et de Daumier qui travaillaient dans les mêmes feuilles satiriques. D'un tracé mince et sec, si la

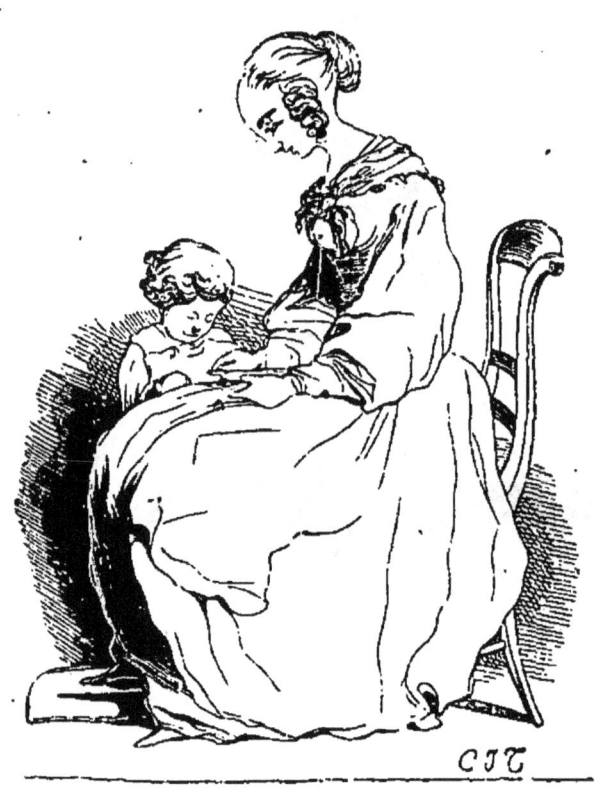

naïveté ne s'en mêlait, le crayon de Traviès va droit au contour et néglige tout artifice pour l'étoffer. Son dessin grêle est d'accord avec les héros qu'il représente; si le trait devient insuffisant pour certaines scènes d'orgie auxquelles le pauvre Traviès dut être rarement initié, il est d'accord avec les froides rafales de la faim, de la misère et de la débauche.

Traviès arrivait trop tard !

Il fallut à Henry Monnier toute sa puissance d'observation pour franchir l'énorme fossé qui séparait la Restauration de la révolution de Juillet : un abîme entre les modes, les coutumes, les mœurs, les physionomies. Traviès n'y parvint pas et se donna tout entier aux entreprises de Philipon, y apportant ses amertumes intérieures, car la souffrance physique ou morale forme une bonne partie du lot des satiriques.

Ils sont méconnus, ils s'imposent par de cruelles égratignures. Ils sont incompris, leur dépit se traduit en traits acerbes. Ils sentent la débilité de leurs organes, ils médiront de la santé. Laids, ils s'acharneront après la beauté.

Si on excepte quelques natures noblement douées, un Rabelais dont la puissante raillerie est doublée d'une constante bonne humeur, combien de peintres et poëtes sarcastiques accusent un tempérament malingreux par leurs railleries contre l'humanité? Un grain d'envie se mêle à leurs récriminations; et, malgré la douceur du caractère de l'homme dont je fais le portrait, de ses plaintes navrantes que plus tard il me confia, on inférait qu'il ne se sentait pas compris : en effet il ne l'était pas.

Pauvre, isolé, atteint d'une maladie qui devait l'emporter jeune encore, que de rêves de gloire étaient refoulées dans cette longue nature qui recherchait la société des jeunes gens, les hommes de sa génération ne lui ayant pas prêté assistance, lui qui en avait tant besoin pour ses grandes machines picturales, et qui était effrayé des obstacles insurmontables que chaque matin l'art dressait devant lui !

Aussi ses caricatures politiques ont-elles une amertume, un aigrissement, une rancune expressive. Avec ceux de Grandville, les dessins de Traviès sont haineux et provocateurs. Leurs allusions sont perfides, minces et aiguës comme la lame d'un poignard. « Ces dessins sont souvent pleins de sang et de fureur, dit Baudelaire. Massacres, emprisonnements, arrestations, perquisitions, procès, assommades de la police, tous ces épisodes des premiers temps du gouvernement de 1830 reparaissent à chaque instant. Qu'on en juge :

« La Liberté, jeune et belle, assoupie dans un dangereux sommeil, coiffée de son bonnet phrygien, ne pense guère au danger qui la menace. *Un homme* s'avance vers elle avec précaution, plein d'un mauvais dessein. Il a l'encolure épaisse des hommes de la halle. La tête pyriforme et surmontée d'un toupet très-proéminent est flanquée de larges favoris. Le monstre est vu de dos, et le plaisir de deviner son nom n'ajoutait pas peu de prix à l'estampe. Il s'avance vers la jeune personne. Il s'apprête à la violer ! — *Avez-vous fait vos prières ce soir, madame?* — C'est Othello-Philippe qui étouffe l'innocente Liberté malgré ses cris et sa résistance.

« Le long d'une maison plus que suspecte passe une toute jeune fille, coiffée de son petit bonnet phrygien ; elle le porte avec l'innocente coquetterie d'une grisette démocrate. Messieurs un tel et un tel (visages connus, — des ministres à coup sûr des plus honorables) font ici un singulier métier. Ils circonviennent la pauvre enfant, lui disent à l'oreille des câlineries et des saletés, et la poussent doucement vers l'étroit corridor. Derrière une porte, *l'homme* se devine. Son profil est perdu, mais c'est bien lui! Voilà le toupet et les favoris. Il attend, il est impatient!

« Voici la Liberté amenée dans la chambre des tourmenteurs. On va lui broyer ses chairs délicates, on va lui ballonner le ventre avec des torrents d'eau, on accomplit sur elle toute autre abomination. Ces athlètes aux bras nus, aux formes robustes, affamés de tortures, sont faciles à reconnaître. »

Daumier, lui aussi, faisait de ces dessins contre la royauté; « mais, dit admirablement le poëte, ici l'art domine, l'art purificateur comme le feu. »

L'art chétif de Traviès ne saurait innocenter ses compositions politiques. C'était déjà sa seconde manière. Les lois de septembre parurent qui mirent un terme aux agressions contre le pouvoir.

C'est à l'issue de telles luttes que se reconnaissent les hommes vaillants. Il faut se transformer ou mourir. Quelque accablantes que soient les causes qui entravent l'art du caricaturiste, il n'en est pas moins forcé d'en subir les effets. Alors l'artiste est obligé de faire peau neuve et de retourner ses aspirations comme un gant.

Traviès s'aperçut un jour que les émeutes étant passées, il n'y avait plus d'assommeurs à peindre ;

il tenta une troisième manière vers 1840. Deux natures bien distinctes avaient imposé leur sentiment, Daumier et Gavarni. L'un et l'autre représentaient deux faces de l'art humoristique. Traviès essaya de se glisser entre les deux. La représentation des chiffonniers et des ivrognes ne répondait plus au goût changeant de la foule, il entreprit de se forger une personnalité nouvelle, forte et élégante. Entreprise impossible !

L'homme y perdit la saveur allemande de ses premiers crayons sans acquérir aucune des qualités des deux maîtres qu'il entreprenait de fondre en un.

C'est un fait qui m'a souvent frappé dans les lettres et les arts que l'individualité, au début, des êtres ignorants ou faiblement organisés. Ils produisent d'abord sans inquiétude et donnent tout de suite des produits originaux. Qu'une difficulté les arrête, qu'ils veuillent commencer à l'âge mûr les études qui leur ont manqué dans la jeunesse, voilà des êtres enlacés par les mêmes herbes qui noient un mauvais nageur. La réflexion enlève leur liberté native sans apporter la robuste maturité que seules préparent des études profondes. Ces artistes reconnaissent alors la difficulté du métier, perdent confiance, s'aigrissent dans l'isolement, deviennent mécontents d'eux-mêmes et des autres et ne peuvent ou n'osent plus produire.

Qu'on juge de ces tortures si on y ajoute la misère et les embarras de la famille. Traviès aurait tiré des larmes des cœurs les plus durs. Cette intelligence ayant conscience de sa débilité, la maladie empreinte sur les traits de l'homme faisaient pitié, et je ne peux penser sans émotion aux confidences du caricaturiste, un soir, dans un endroit où plus d'une célébrité passa, attirée par le bruit qui se faisait autour d'une doctrine littéraire qui elle-même, je puis le dire, n'était pas sans rapport avec une religion[1].

[1] Au moment de mettre sous presse on me signale un article de M. Édouard Fournier, publié le 27 août 1859, peu de jours après la mort de Traviès. La triste fin du caricaturiste y est dépeinte telle quelle :

« Traviès est mort, dit M. Édouard Fournier, dans une mansarde du quartier latin, sur un grabat, n'ayant pour garde-malade qu'un bon professeur d'allemand, son voisin, à qui ses plaintes étouffées avaient révélé son agonie. Cet excellent homme le soigna du mieux qu'il put; il courut chez les amis que Traviès put lui nommer, et dont beaucoup restèrent sourds, ou bornèrent leurs dons à quelques promesses. Il ne rapporta donc que fort peu de choses de ces visites suppliantes; mais le mourant ne s'en aperçut pas, l'ami nouveau des derniers instants suppléant de sa bourse à ce que n'avaient pas fait les compagnons des jours meilleurs. Traviès ne fut pas porté à l'hôpital qui l'attendait, et il mourut en murmurant avec le bon professeur quelques mots de cette langue allemande qu'il avait apprise au berceau. »

Je pourrais citer d'autres détails de l'article d'un écrivain qu'on n'ose questionner vers la fin d'un travail, tant il est nourri d'excellente érudition. L'auteur du *Vieux-Neuf* (E. Dentu, 2 vol. in-18, 1859) donne pour certain que le type du *Mayeux* de la Restauration existait depuis longtemps. Pour preuve il m'ouvre le *Recueil de Chansons choisies* (de Coulanges). Paris, M DC XCIV, où se trouve une « Chanson pour madame la Mareschâle de R....., » sur l'air des *Mayeux de Bretagne* :

> La Mareschale,
> Cessez d'être Vestale;
> La Mareschale,
> Prenez-moy pour amant.
> Un petit homme
> Aime tout comme,
> Un petit homme
> Aime comme un plus grand.

Suivant M. Fournier, le refrain du *petit homme* avec le *timbre* indiqué plus haut est la preuve que le Mayeux de Traviès est un cousin à la mode de Bretagne des Mayeux de l'ancienne chanson.

M. Édouard Fournier m'a déjà taillé de la besogne pour la seconde édition de l'*Histoire de la Caricature antique* dans un excellent article écrit au pied levé qui annonce une connaissance profonde de l'Italie ancienne; voici encore un clou fiché auquel est suspendu le grotesque Monsieur Mayeux. Que les érudits se prononcent.

MONSIEUR PRUDHOMME

HENRY MONNIER

HENRY MONNIER

I

Vers la fin de la Restauration, Balzac rencontra un jeune artiste plein d'esprit qui tenait tête à Romieu dans l'art particulier de la mystification. Le peintre était passé de l'atelier de Girodet à celui du baron Gros, et ses facéties quelquefois irrespectueuses ne donnaient pas grande espérance au maître, déjà morose.

Balzac, qui avait tant à observer, aimait naturellement les observateurs, surtout ceux curieux de la vie, qui creusent, fouillent, sèment dans tous les sens et oublient quelquefois de recueillir le fruit de leurs semailles.

Henry Monnier était de ces êtres infatigables qui prennent des croquis de côté et d'autre, scrutent la physionomie humaine dans tous les sens, ne font pas de choix dans la nature, trouvent tout bien, le laid et le beau, entassent des notes excellentes et sont embarrassés un jour de les mettre en œuvre.

Il manque à ces artistes l'induction, le regard intérieur. Ce n'est pas pour eux que se dessinent les horizons lointains; mais une suprême qualité fait que ce qu'ils voient est juste et précis comme un décalcage. Si leurs yeux de courte portée les empêchent de se rendre compte de l'ensemble d'une forêt, ils distinguent jusqu'aux plus minces brindilles d'un arbre, et c'est surtout à l'étude de l'homme qu'ils appliquent leurs facultés.

Qu'on juge de la joie qu'éprouva Balzac à la découverte de cette mine de comique et d'observations, un *placer* nouveau à exploiter en même temps que ceux des Lassailly, des Ourliac, des Laurent Jan, tous riches en conceptions, rebelles à l'exécution.

Balzac connaissait à fond ces natures, savait en tirer parti, et comme il se sentait fort, il ne cachait pas, ainsi que l'eût fait un esprit de second ordre, les noms des hommes qu'il avait trouvés en friche non plus que les cerveaux dont il faisait sortir de précieuses observations.

Henry Monnier, jeune, avait voyagé en Angleterre : répandu dans le monde parisien où son rôle de conteur lui ouvrait les portes, il était devenu l'illustrateur à la mode. S'il abandonna plus tard le sceptre du frontispice aux frères Johannot, à Louis Boulanger, aux Dévéria et à Célestin Nanteuil, c'est qu'il se sentait impropre à traduire les scènes violentes des imaginations romantiques; mais un livre du libraire Ladvocat ne pouvait guère paraître sans une vignette de Monnier, il

était l'une des gloires de la maison Gihaut, et tout ce qui le frappait en voyage, dans la rue, dans un salon, se traduisait en croquis rapides, relevés d'une pointe d'ironie.

A en juger par les œuvres qui furent la joie de la fin de la Restauration, on a une singulière idée des plaisirs de ce monde qui s'intéressa particulièrement aux scènes de faubourg, et fit de la descente de la Courtille le pendant du défilé de Longchamps. D'un côté Béranger, Charlet, et leurs vieux soldats de l'Empire, sont l'expression directe des sentiments d'opposition d'alors ; de l'autre, Carle Vernet, Boilly, Pigal, au milieu desquels Henry Monnier devait s'élever, quoique son crayon se plût à représenter les mêmes caricatures bourgeoises ; mais on sentait dans l'homme une observation particulière qui nous a valu une belle page de Balzac. Le fécond romancier, en défendant l'artiste, se défendait lui-même des nombreuses accusations qu'il sentait amoncelées sur sa tête.

Ce fut dans *la Caricature* (31 mai 1832) que parut, signé « comte Alex. de B... » qui est un des nombreux pseudonymes de Balzac dans sa jeunesse [1], un article pris de haut et contenant quelques notes importantes sur le rôle de la caricature.

« Henry Monnier, dit Balzac, a tous les désavantages d'un homme supérieur, et il doit les accepter parce qu'il en a tous les mérites. Nul dessinateur ne sait mieux que lui saisir un ridicule et l'exprimer ; mais il le formule toujours d'une manière profondément ironique. Monnier, c'est l'ironie, l'ironie anglaise, bien calculée, froide, mais perçante comme l'acier du poignard. Il sait mettre toute une vie politique dans une perruque, toute une satire,

---

[1] Voir *Grandes figures d'hier et d'aujourd'hui* (Balzac journaliste). Poulet-Malassis, 1861, 1 vol. grand in-18.

digne de Juvénal, dans un gros homme vu par le dos.

« Son observation est toujours amère; et son dessin, tout voltairien, a quelque chose de diabolique. Il n'aime pas les vieillards, il n'aime pas les plumi-

tifs, il abhorre l'épicier; il vous fait rire de tout, même de la femme, et il ne vous console de rien. »

Ici Balzac plaidant pour Henry Monnier, plaide pour lui-même.

« Il s'adresse donc à tous les hommes assez forts

et assez pénétrants pour voir plus loin que ne voient les autres, pour mépriser les autres, pour n'être jamais bourgeois, enfin à tous ceux qui trouvent en eux quelque chose après le désenchantement, car il désenchante. — Or, ces hommes sont rares, et plus Monnier s'élève, moins il est populaire. — Il a les approbations les plus flatteuses, celles de ceux qui font l'opinion ; mais l'opinion est un enfant, dont l'éducation est longue et qui coûte beaucoup en nourrice. — Si Monnier n'atteint pas aujourd'hui au succès de vente de ses rivaux, un jour les gens d'esprit, et il y en a beaucoup en France, l'auront loué, apprécié, recommandé ; et il deviendra un préjugé comme beaucoup de gens dont on vante les œuvres sur parole. Il est à regretter qu'un artiste aussi étonnant de profondeur n'ait pas embrassé la carrière politique du pamphlétaire à coups de crayon : il eût été une puissance.

« L'œuvre que nous annonçons (*Récréations*, six feuilles coloriées, Paulin et Aubert) est un ouvrage fort distingué, dans lequel il ne s'est point répété. — Peut-être sa plaisanterie est-elle un peu tourmentée ; mais, si elle veut de l'étude, elle consolide ainsi le rire qu'elle excite. »

Et pour terminer par un trait qu'exigeait la nature du journal, Balzac ajoutait : « Rire en payant quinze cents millions d'impôt ! Si M. d'Argout entendait les arts, il ferait une pension à Henry Monnier. »

Ces *Récréations*, je les ai sous les yeux : ce sont des croquis clairs, agréablement coloriés, sans la « *profondeur* » comique qu'annonçait un contemporain trop enthousiaste, et il fallait le regard de l'auteur de la *Comédie humaine* pour deviner que de ce sol froid naîtrait un jour une des figures typiques de la caricature moderne.

II

La génération qui suivit 1830 voulut sonder la portée des hommes de l'époque, et il y a bientôt quinze ans que je me trouvais en compagnie d'un poëte un peu taquin qui adressait un singulier compliment à l'inventeur de *Monsieur Prudhomme*.

— Monsieur, dit le poëte en saluant le caricaturiste à qui on le présentait, il y a longtemps que je désire vous faire compliment de vos excellents dictionnaires.

— *Dictionnaire !* s'écria Henry Monnier étonné.

Mentalement le mystificateur de 1828 se demandait quel était le genre de *charge* imaginée par un romantique de 1847.

— Vous vous méprenez sans doute, monsieur, reprit-il, je m'appelle Henry Monnier.

— Je le sais, continua le poëte en s'inclinant, et c'est pourquoi je me permets de vous complimenter sur vos utiles dictionnaires.

Un moment je crus que le comédien perdrait son flegme habituel; mais avec une habileté académique qu'eût enviée M. Villemain lui-même, le poëte expliqua que les *Scènes populaires* n'étaient pas de l'art. Il manquait à la plupart de ces sténographies un reflet de la personnalité du créateur; tout était traité sans idéalisation par menus détails, jamais par masse, et par là les types restaient à l'état de croquis d'après nature.

Henry Monnier écoutait, visiblement surpris, peu préparé à ce discours désagréable, à savoir que les *Scènes populaires* étant seulement un dictionnaire, les créateurs et les poëtes s'empareraient de ce fonds commun pour y puiser des mots.

Une autre fois je pus étudier l'effet que produisait l'artiste dans un salon. Cela se passait chez un riche et important bourgeois, qui tenait table une fois par semaine et se plaisait dans la société des gens d'esprit, quoiqu'il comprît médiocrement leur langue. Le maître du logis réunissait ensemble des poëtes, des journalistes, des musiciens, des avocats, des médecins, et se donnait, dans sa maison et dans son fauteuil, le spectacle de Henry Monnier.

Après le dessert, le caricaturiste conta une scène de nuit de la rue Basse-du-Rempart, dialogue sinistre entre des filles et des voleurs, avec un ciel de neige pour décor. L'hôte ouvrait de grands yeux, s'étonnait de ne pas trouver un mot à rire dans ces conversations nocturnes, et trouvait de telles peintures d'un effet désastreux pour la digestion. Le langage de tels misérables le faisait frissonner; la lueur des bougies de la table prenait à ses yeux la sourde lueur du réverbère qui éclairait les acteurs du drame de la rue Basse-du-Rempart, et à cette heure, il eût donné vingt louis à Levassor pour effacer par quelque parodie anglaise une si lugubre impression.

Le conteur s'arrêta, et ce ne furent pas des applaudissements qui le payèrent de son récit, mais un silence embarrassé que le riche propriétaire rompit par un : Et puis?...

— J'ai fini, dit le comédien.

— Voilà bien le *réalisme*, me dit d'un ton de reproche le maître de la maison, comme si moi-même j'avais eu quelque part à l'invention sinistre de la scène de la rue Basse-du-Rempart.

Par là le bourgeois se rapprochait du sentiment du poëte. Ce dialogue sans prologue et sans conclusion ne lui semblait pas complet, et l'endroit où l'artiste s'arrêtait était l'instant juste où l'intérêt commençait à se dessiner.

Ces sortes de croquis curieux pour les esprits subtils, rompus aux demi-mots du boulevard des Italiens, ne conviennent guère à un public qui veut savoir le pourquoi et le comment, l'alpha et l'oméga de toutes choses. Un tel public a besoin qu'on lui déroule une vie tout entière avec punition et châtiment s'il s'agit d'un bandit, bonheur et félicité s'il s'agit d'un être vertueux.

Henry Monnier comprit sans doute l'importance d'un cadre régulier, et à cet effet le philosophe Chenavard convoqua dans son atelier des peintres et des journalistes, pour leur faire entendre une comédie de Henry Monnier, qui, renonçant aux croquis rapides, s'était recueilli et avait conçu une œuvre importante.

Chacun fut exact au rendez-vous, le caricaturiste ayant annoncé qu'il lirait lui-même trois actes inédits ; mais dès le début l'avertissement que l'ouvrage était en vers, causa une sorte d'effroi. Henry Monnier *poëte* ne prédisposait pas l'assistance en faveur du drame.

Lui, sans sourciller, lut une certaine *École des bourgeois*, qui, dès les premières scènes, annonçait un rival de Casimir Bonjour. Les auditeurs se regardaient, effrayés d'être constitués en membres d'examen du comité de lecture de l'Odéon, et le caricaturiste continuait à faire tomber sur la tête de ses amis de pauvres vers qui coulaient de son gosier comme, tristement après la pluie, un maigre filet d'eau sort d'une gouttière.

Sérieux et pensif, Chenavard craignait que ses invités ne l'accusassent de leur avoir infligé un supplice oublié par le Dante. L'acte était long, bourré de discours entre un père médisant de la peinture et un fils défendant l'art en rimes glabres, et l'exposition n'annonçait rien de particulièrement dramatique.

Une heure se passa de la sorte, glaciale, troublée seulement par les changements de position sur leurs siéges des assistants, qui intérieurement maudissaient le poëte, sa comédie et l'école raisonneuse du premier Empire.

L'une des victimes, douce comme le chien qui lèche la main qui l'a battu, eut encore la force d'applaudir, alors que l'auteur, gravement, s'apprêtait à lire le second acte.

Le maître de la maison, profitant de cette interruption, alla vers le lecteur, le complimenta de *l'excellente charge* qu'il venait de réciter, faisant observer toutefois qu'elle avait duré suffisamment pour être comprise de tous; il ajoutait que ces mystifications, quand elles étaient prolongées, per-

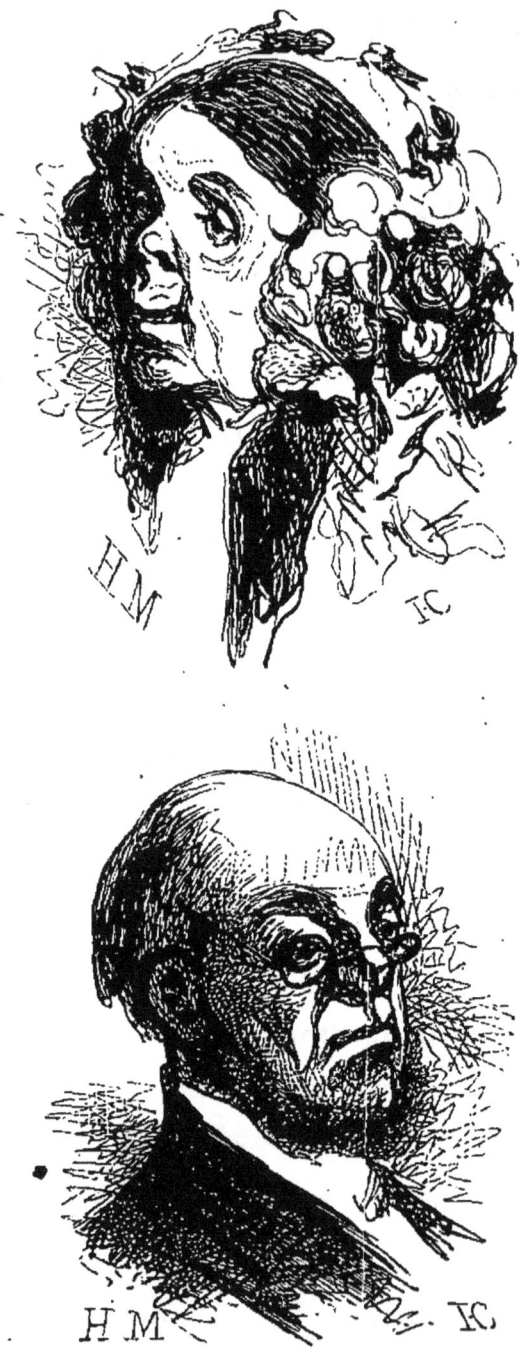

CROQUIS D'APRÈS NATURE
Par Henry Monnier.

CROQUIS D'APRÈS NATURE
Par Henry Monnier.

daient le plus piquant de leur sel, que l'effet était obtenu, et qu'il remerciait l'auteur de sa peine.

Henry Monnier ne saisit pas le sens de l'avertissement. La comédie fut jouée plus tard, naturellement à l'Odéon, où sont conservés dans le cabinet aux accessoires quelques auditeurs de 1819, auxquels, dit-on, le directeur abandonne une partie de sa subvention; et ce fut une fête pour ces enthousiastes de Picard de voir en 1855 une action « modérée » soutenue pendant cinq actes par des vers « bien frappés [1]. »

Ainsi, à trois époques différentes et dans des milieux tout à fait contraires, Henry Monnier choquait un poëte, un bourgeois et ses camarades d'atelier.

C'est en effet une nature complexe que celle de ce caricaturiste inconscient, qui, d'essais en essais, coula un véritable type dans le moule de la satire, et ne parut pas soupçonner la grandeur de sa création, car il la rapetissa plus tard par sa propre volonté, traînant *Monsieur Prudhomme* au théâtre des Variétés, pour lui faire jouer un rôle cocasse de *chef de brigands*.

Henry Monnier passa de la sorte sa vie dans des sentiers bizarres, où tout autre que lui se fût

---

[1] *Peintres et Bourgeois*, comédie en trois actes et en vers, représentée sur le théâtre de l'Odéon le 29 décembre 1855. Paris, Librairie nouvelle, 1856.

égaré. C'est ce qui explique les erreurs dans lesquelles sont tombés à son propos biographes et bibliographes, Vapereau et les continuateurs de la *France littéraire*, qui lui attribuent une brochure politique de 1848 : *Quelques mots sur la situation actuelle.*

Sans doute, en 1848, certains comédiens se posèrent en réformateurs, car le propre des révolutions est de faire jaillir des diables bleus de toutes les cervelles ; mais un esprit sarcastique qui connaît le néant des discours officiels, les ayant étudiés pour les condenser en dialogues railleurs, est par sa libre humeur tellement au-dessus des hommes politiques, qu'on comprend difficilement qu'il se hasarde sur le terrain des fabricants de brochures. Les sensations que les commotions sociales font ressentir à tout citoyen, le satirique les jette dans le creuset de la raillerie, et, des discussions en usage dans les assemblées publiques, voilà ce qu'il en retire :

— Pourquoi, monsieur, pas de république en France?

— Parce que la France est trop grande.

— Et en Belgique?

— Parce qu'elle est trop petite.

— Cependant la Hollande a eu des institutions républicaines.

— C'est différent, c'est un pays de marécages.

— Pourtant la Suisse?

— La Suisse est un pays de montagnes.

— Mais les États-Unis?

— C'est un pays maritime. Vous voyez donc que la république est impossible.

Ainsi fait parler ses personnages l'homme à qui les bibliographes attribuent une grave brochure politique! Il faut les excuser, car ils se sont trouvés vis-à-vis d'une organisation compliquée, résumée par trois arts différents : ceux de l'écrivain, du caricaturiste et du comédien.

Et pourtant ces arts multiples qu'il a été donné à si peu d'hommes d'exercer à la fois, firent grimper à Henry Monnier pendant de longues années l'échelle intellectuelle, au sommet de laquelle se tient l'écrivain séparé par de nombreux échelons du peintre et du comédien.

III

Le véritable rôle de Henry Monnier fut celui de caricaturiste, nettement accusé pendant les dernières années de la Restauration : déjà ses dessins sont instructifs comme ceux de Debucourt. Là se trouvent représentés, sans intention de parodie, les fameux *calicots* qui livraient de si fameux combats aux poëtes ordinaires des Variétés. Ses *grisettes* sont d'accord avec les petits poëmes de Béranger; elles habitent des mansardes, vont le dimanche à Montmorency, en compagnie des commis de magasin, et Virginie Déjazet étudiait certainement les lithographies de Monnier avant de transporter au théâtre ce type si loin de nous.

Avec les grisettes les *employés* jouent un grand rôle dans l'œuvre du peintre de mœurs; le peintre avait occupé lui-même une fonction dans les bureaux, et Balzac lui a confié un certain rôle dans la *Comédie humaine*, sous le nom de Bixiou, égratignant avec la griffe de ses caricatures ses camarades du ministère.

Employés et grisettes sont donc les premiers sujets favoris de l'artiste dont plus d'une fois j'ai feuilleté l'œuvre, y retrouvant difficilement trace de caricature.

Ses scènes gravées, qu'elles se passent en France ou en Angleterre, sont des tableaux fidèles, et, sauf dans la préoccupation suivante de Cruikshank, l'es-

prit satirique qui transforme physionomies, gestes

et mouvements, est absent de compositions fines et froides à la fois d'un artiste, dont M. Vitet disait avec justesse, en 1829[1] : « Il (H. Monnier) envisage en général ses personnages sous un point de vue anguleux, et son coup de crayon est presque toujours brusque et haché. »

Comment les *Scènes populaires* creusèrent un trou en plein romantisme, c'est ce qui m'a toujours émerveillé. Le *Roman chez la portière* paraissant en même temps que le *Crapaud*, l'*Intérieur d'une diligence* à la même heure que la *Danse macabre*, le *Dîner Bourgeois* faisant concurrence aux *Contes du lycanthrope* Petrus Borel, sont des alternances qui feront travailler l'imagination de la critique future. Car *Monsieur Prudhomme* est contemporain d'*Antony*, et si l'expert en écritures jugea les orgies du roman, les poisons du théâtre, les charognes de la poésie, les pourpoints des peintres, avec une profonde dissimulation il tint cachées ses observations sur ces « détestables » doctrines.

Une flamme bizarre s'était emparée de tous les esprits : même Siméon Chaumier et Gustave Drouineau passaient pour des poètes, et Henry Monnier pouvait vivre au milieu de tels romantiques sans que sa tête fût mise à prix !

---

[1] *Fragments et Mélanges*, 1846, 2 vol. in-12.

Que sont devenus *Antony* et *Angèle?* Dans quel Sainte-Périne de la littérature traînent-ils leurs vieux jours? Et combien serait grand l'étonnement de ces invalides, s'ils apprenaient qu'aujourd'hui sont réimprimés, en un quasi in-quarto, les dialogues de la mansarde, de la boutique et de la rue[1].

Dictionnaire, disait ironiquement le poëte! Pourtant ce dictionnaire sera consulté quand plus d'une œuvre ambitieuse, n'étant la constatation ni d'un

---

[1] *Scènes populaires dessinées à la plume*, par Henry Monnier. 1 fort volume illustré. E. Dentu, 1864.

cri passionné, ni du sentiment personnel d'un homme, aura perdu tous ses rayons factices.

Quelques-unes des scènes de Monnier seront oubliées pour leur banalité, de même que certains mots dont un siècle fait l'épuration; mais ces études sans prétentions, les dessins qui y sont joints, sont autant de matériaux qu'emploieront les Monteil futurs.

Quel intérêt si nous retrouvions un Henry Monnier sous la Ligue et combien de scènes de mœurs que l'école de Walter Scott a tenté de rendre dans leur réalité, seraient précieuses pour l'historien qui cherche avec tant de peine quelques mots vrais, quelques cris réels de l'époque, pour relever ses chroniques d'un point lumineux!

Un livre très-rare du dix-septième siècle donne un Henry Monnier du temps. Ce sont des dialogues de petits bourgeois, des discussions entre marchands et clients, des conversations de table. De ce livre je détache le dialogue entre *une bourgeoise, un boucher et sa femme :*

LA BOURGEOISE.

« Hé bien, mon amy, auez-vous là de bonne viande? Donnez-moy vn bon quartier de mouton et vne bonne pièce de bœuf, auec vne bonne poictrine de veau.

LE BOUCHER.

« Oüy dea, madame, nous en auons de bonne, d'aussi bonne qu'il y en ayt en la boucherie, sans despriser les autres. Approchez, voyez ce que vous demandez; voilà vne bonne pièce de nache (sic) du derrière; bien espaisse; cela vous duit-il?

LA FEMME DU BOUCHER.

« Madame, voilà vn bon colet de mouton : tenez, voilà qui a deux doigts de gresse : ie vous promets que le mouton en couste sept francz, et si encore on n'en sçauroit recouurir, ie serons contraints de fermer nos boutiques.

LA BOURGEOISE.

« Combien voulez-vous vendre ces trois pièces-là?

LE BOUCHER.

« Madame, vous n'en sçauriez moins donner qu'vn escu, voilà de belle et bonne viande.

LA BOURGEOISE.

« Jesu, mon amy, vous mocquez-vous? et vramment prisez mon vos pièces.

LE BOUCHER.

« Madame, ie ne sommes pas à cette heure à les priser, il y a longtemps que ie sçauons bien combien cela vault, ce n'est pas d'auiourd'huy que nous en vendons.

LA BOURGEOISE.

« Tredame, mon amy, ie croy que vous vous mocquez quant à moy, de faire cela vn escu ; encore pour quarante sols ie me lairrois aller.

LA FEMME DU BOUCHER.

« Ah ! madame, il ne vous faut pas de si bonne viande, il faut que vous alliez querir de la cohuë, on vous en donnera pour le prix de vostre argent ; ie n'auons point de marchandise à ce prix-là, il vous faut de la vache et de la brebis.

LA BOURGEOISE.

« Tredame, m'amie, vous estes bien rude à pauures gens ; ie vous en offre raisonnablement ce que cela vault ; vous me voudriez faire accroire, ie pense, que la chair est bien chère.

LE BOUCHER.

« Madame, la bonne est bien chère, voirement, ie vous assure que tout nous r'encherit, la bonne marchandise est bien chère sur le pied : mais tenez, madame, regardez un peu la couleur de ce bœuf-là ? quel mouton est cela ? cette poictrine de veau a-t-elle du laict ? Vous ne faictes que le marché d'vn autre.

LA BOURGEOISE.

« Mon ami, tout ce que vous me dittes là et rien c'est tout vn ; ie voy bien ce que ie voy, ie sçay bien ce que vault la marchandise, ie ne vous en donneray pas vn denier dauantage.

LA BOUCHÈRE.

« Allés, allés, il vous faut de la vache ; allés à l'autre bout, on y en vend, vous trouuerez de la marchandise pour le prix de vostre argent : il ne faudroit guieres de tels chalans pour nous faire fermer nostre estau. »

Voilà un dialogue qui ressemble à s'y méprendre à quelques-uns de ceux d'Henry Monnier. Même absence apparente de composition ; mêmes détails vulgaires de la conversation habituelle. Et pourtant je diffère de mon ami Baudelaire qui, dans sa notice sur les caricaturistes, a montré quelque dureté pour Henry Monnier. Sans doute ses dialogues n'ont pas été inspirés par l'amour de l'idéalité. Qu'importe? Ces peintres de mœurs ne sont pas à dédaigner et valent plus d'un écrivain médiocre. Cantonnés dans un petit coin, ils étudient le langage usuel de leur temps comme Abraham Bosse en étudiait l'ameublement. La nature les a doués d'un esprit exact ; ils rendent avec exactitude ce que leurs yeux et leurs oreilles perçoivent, et tiennent peu de place dans l'histoire littéraire d'une époque. Quelle meilleure preuve que ce *Bourgeois poly*, dont on ne connaîtrait qu'*un* exemplaire, si cette rarissime plaquette n'avait été réimprimée récemment[1].

[1] *Le Bourgeois poly, où se voit l'abrégé de diuers complimens*

Les auteurs de telles œuvres ne sont pas gênants. On ne les surfait guères de leur vivant, leurs observations exactes ayant quelque apparence d'offense pour leurs contemporains. Bien des êtres vaniteux, gonflés de prétention et de morgue, s'imposent au public, qui ne répondent à des engouements momentanés ni par des idéalités ni par des réalités.

Henry Monnier, quoiqu'il ait commencé, comme le chanoine de Chartres, par des scènes populaires, a agrandi quelquefois son cadre bourgeois. En dehors de ce cadre se détache la figure de *Monsieur Prudhomme*, non pas trouvée par hasard; l'artiste l'a refondue à diverses reprises et il n'a pas fallu moins de vingt années pour la terminer. Esquissée en 1830 [1], elle ne fut définitivement modelée qu'en 1852 [2].

selon les diverses qualités des personnes, œuvre très-utile pour la conversation. A Chartres, chez Claude Peigné, imprimeur, rüe des Trois-Maillets, M.DC.XXXI. Réimprimé en 1847 par M. G. D. (Georges Duplessis), chez Garnier. On a découvert depuis que l'auteur était un chanoine de Chartres, François Pédoüe, qui s'amenda vers la fin de sa vie, mais dont la jeunesse, de même que celle de Henry Monnier, avait été féconde en joyeusetés. Général et fondateur de l'Ordre des chevaliers de Sans-Souci, François Pédoüe, habillé de satin, ne sortait qu'escorté de deux laquais qu'il avait surnommés l'un Tant-Pis et l'autre Tant-Mieux.

[1] *Scènes populaires dessinées à la plume*, par Henry Monnier, ornées d'un portrait de M. Prudhomme et d'un *fac-simile* de sa signature. Paris, Levavasseur et Urb. Canel, 1830, in-8°.

[2] *Grandeur et décadence de M. Joseph Prudhomme*, comédie en

M. Prudhomme, qui annonçait le développement politique et le triomphe de la bourgeoisie, prédit sa mort par la pièce jouée en 1852, et les bourgeois qui riaient de cette fine et spirituelle satire ne se dirent pas : Ici finit notre règne !

Un an avant éclatait le coup d'État qui devait changer si profondément les mœurs en France et fermer brusquement l'arène des dissensions politiques ; mais la date de la représentation où fut joué le *Bourgeois* avec une force comique si significative, indique que Henry Monnier avait, à la même époque, mis le doigt sur la plaie.

Les railleurs de l'humanité n'ont pas si courte vue qu'on se l'imagine. Plus d'un personnage politique, qui a toujours la poche pleine de remèdes sociaux, pourrait ambitionner la seconde vue des caricaturistes et des vaudevillistes ; s'ils ne guérissent pas, ils indiquent la source du mal, et combien de diplomates à vues prétendues profondes, combien d'amis du peuple, de défenseurs du trône, se laissent abattre tout à coup par des événements imprévus ?

Dans cette circonstance Monnier (et le portrait

---

cinq actes, représentée à l'Odéon le 25 novembre 1852. Paris, Michel Lévy.

ci-dessous indique bien un esprit réfléchi) prévoyait, et *Monsieur Prudhomme* était un prophète.

— Voilà le miroir, disait l'auteur dramatique aux bourgeois, reconnaissez vos traits.

Le portrait était gaiement tracé, sans trace d'amertume. Chacun crut reconnaître l'image de son voisin, d'un individu plutôt que d'une caste; et comme alors la caste, qui avait renversé le roi de son choix, était occupée à renverser la République par toute sorte de moyens, cette caste se sentant des glorioles de démolisseur, ne se croyait pas si près d'être elle-même anéantie.

Henry Monnier, n'eût-il dessiné que cette figure,

occupera une place importante dans l'histoire de la satire.

« Henry Monnier vivra par la création d'un type, — *Joseph Prudhomme*. Qu'on y résiste ou non, qu'on y soit ou non favorable, on est forcé de se rendre à l'évidence, et d'admettre dans le musée, déjà si riche de la sottise humaine, cette personnification fine et grotesque, amusante et philosophique de la vanité frottée de lectures mal faites, de science de raccroc et de rhétorique mal entendue.

« C'est, il faut bien le dire, toute une classe d'esprits étroits, emphatiques et vulgaires, qui se trouve à jamais étiquetée sous cette dénomination. Les Jocrisse, les Jeannot, les Brid'oison, les deux premiers surtout, sont les ancêtres de Joseph Prudhomme; mais leur naïveté les rend presque aimables. La philosophie du dix-huitième siècle et l'éloquence révolutionnaire n'ont point encore passé sur eux.

« Une fois ces deux grands faits accomplis, une fois disséminées à pleines mains ces formes et ces idées sans contrôle et sans contre-poids, Jocrisse et Jeannot en reçoivent au hasard l'empreinte et l'influence, et arrivent à une moyenne bizarre où le bon sens se mêle à l'absurde, la vanité à la timidité, les reliefs les plus extravagants aux expressions les plus plates. Cette moyenne, c'est Prudhomme; et tous les ouvrages publiés par Henry Monnier :

PROJET DE MONUMENT A ÉLEVER A LA MÉMOIRE DE MONSIEUR PRUDHOMME.

pièces, livres, nouvelles, y ont apporté leur coup de pinceau, leur détail, leur correctif, leur vocabulaire et leur physionomie[1]. »

Monsieur Prudhomme fit disparaître les figures de Mayeux et de Robert Macaire. A son tour, Monsieur Prudhomme a fait son temps, et je me demande qui nous rendra une autre figure comique, rien n'annonçant la venue de types populaires particuliers.

On ne s'improvise plus aujourd'hui dieu ou apôtre comme il y a trente ans, et les figures grotesques de la même époque ne semblent pas avoir laissé de germes héréditaires.

Quelques esprits chagrins, de ceux qui veulent rendre la France complice de leurs ennuis, expliquent l'absence des dieux, des excentriques et des grotesques par l'absence du rire. Nous oublions momentanément de rire, dominés par des recherches de plus d'une nature; mais rien n'est perdu. Ce sont là des repos et des évolutions auxquels est habitué l'esprit français [2].

---

[1] Nestor Roqueplan, *Constitutionnel*, 5 août 1863.

[2] Nécessairement on trouvera à diverses reprises dans la critique dramatique de nombreux morceaux remarquables sur la formation du type de *Monsieur Prudhomme*. Théophile Gautier, entre autres, est un des premiers qui avertit le public de la valeur des *Scènes populaires* de Monnier; il y revint à diverses reprises, ayant, en sa qualité de poëte, le même mépris pour le *bourgeois* que le carica-

turiste, et j'aurais pu emprunter à ses articles de théâtre plus d'une vive touche. Il eût été également curieux d'opposer ses sentiments de peintre et de coloriste à ceux de critiques judicieux moins engagés dans la lutte, un Édouard Thierry, par exemple. *Monsieur Prudhomme*, jugé par des esprits si dissemblables, aurait été étudié sous diverses faces. Ces confrontations, ces divers témoignages, à l'importance desquels je n'avais pas songé tout d'abord, je les réserve pour une prochaine édition.

APPENDICE

PHILIPON

PHILIPON

Nous avons toujours été d'avis qu'on ne doit que

[1] De la génération moderne se détachent deux nets caricaturistes, j'entends de ceux qui ont marqué : Cham et Nadar, tous deux gens d'esprit à leur manière. Le premier, spirituel comme un vaudevilliste, sans cesse à l'affût de l'actualité, et à qui l'*idée* comique fait rarement défaut; le second, nature dévorée d'activité qui ne s'arrête ni dans le journalisme ni dans le roman, qui se bat avec le soleil pour ses photographies et combat avec son ballon contre l'air. Caricaturiste âcre, d'une personnalité que choquent les angles des vives personnalités, Nadar eut pu fondre de nombreuses qualités d'observateur, de polémiste, de satirique pour en faire la base d'un peintre ou d'un écrivain; il a abandonné plume et pinceau pour l'hélice appliquée à la navigation aérienne. Je ne le suivrais pas si haut et me contente de donner un remarquable article nécrologique, publié par lui, le 1er février 1862, le lendemain de la mort de l'homme qui fut le cerveau de la plupart des artistes étudiés dans le présent volume.

la vérité, toujours une, aux morts et même aux vivants, et notre tâche se trouve dès lors adoucie vis-à-vis de cette tombe ; — l'homme qu'elle renferme pouvait entendre tout ce qui sera dit de lui.

Charles Philipon a été certainement l'une des physionomies les plus intéressantes de ce parti libéral, essentiellement militant, qui, depuis quarante ans et plus, a joué dans les destinées de notre pays un rôle qui ne saurait être fini. Philipon a personnifié en lui, j'allais dire a créé, la caricature politique, l'une des forces les plus vives de l'argumentation, qui transperce quand elle touche, sans qu'il y ait bouclier qui pare, d'autant plus redoutable sous son innocuité apparente, comme les barbes de la flèche, comme la vis imperceptible de certains leviers. Sa mnémotechnie incisive, qui plaide et prêche pour les yeux, lui complète une force que les gouvernements ne pouvaient tarder à comprendre et à étouffer.

Devant la morale, cette haute justice, la caricature a été appelée plusieurs fois. Toute épée est-elle bonne à ramasser ?... — Ce ne serait ni le lieu ni l'heure d'étudier cette question, qui n'est pas sans gravité. Il ne s'agit point d'une thèse philosophique, il s'agit d'un homme, doué entre tous, qui s'empara un jour de cette arme terrible, jusqu'à lui dédaignée, et s'en servit de la plus éclatante façon. Cet homme était un homme de bien et convaincu.

Lors même que son caractère personnel ne lui constituerait pas une individualité hors ligne, il mérite du journalisme, cette histoire au jour le jour, sa place à part dans les annales de ces temps.

Charles Philipon est né à Lyon en septembre 1800. Son père, marchand de papiers peints, et qui désirait transmettre à son fils son industrie, lui fit faire quelques études, pour plusieurs raisons incomplètes. Philipon était âgé de dix-sept ans lorsqu'il vint à Paris pour la première fois. Il entra à l'atelier de Gros, revint presque aussitôt à Lyon sur l'injonction paternelle, et y resta trois ans occupé au dessin de fabrique. Ses goûts, comme les relations qu'il s'était créées, le poussaient irrésistiblement vers une autre vocation et vers un autre milieu. Vers la fin de 1823, Philipon quittait décidément sa ville natale et accourait se fixer à Paris.

Plein d'entrain et de fougue, Philipon se lia bientôt avec les écrivains les plus avancés du parti libéral, et ces relations nouvelles ne firent que développer et affermir en lui les idées politiques un peu vagues qu'il avait apportées du département du Rhône.

Il s'était mis pour vivre à essayer de l'art nouveau dont Engelmann avait été l'un des premiers adeptes, la lithographie. Du métier de caricaturiste à celui de créateur d'un journal comique, la distance ne devait pas être longue à franchir pour un homme du caractère de Philipon. Il fonda presque simultanément *la Caricature*, qui succomba bientôt bruyamment sous une avalanche de procès (cinquante-quatre procès seulement en une année, si j'ai bonne mémoire), et *le Charivari* (père du *Punch, or the London Charivari*), dont il abandonna au bout de six ans la direction.

Il créa la série à jamais célèbre des Robert Macaire, en collaboration avec Daumier comme exécutant, fut le père des *Physiologies*, du *Musée Philipon*, du *Journal pour rire* et d'une innombrable multitude de publications d'imageries, albums, almanachs, etc., à égayer dix générations.

Il serait aussi difficile d'énumérer ces feuilles diverses que de compter les procès, les amendes, les mois de prison et tous les inconvénients de tous genres qu'ils valurent à leur auteur. La lutte une fois engagée sur ce terrain, il fallait en sortir vainqueur ou ruiné. Tout autre que Philipon eût succombé; sa volonté fut la plus forte, et la maison Aubert, fondée par lui, put résister à ces terribles et longues secousses.

Philipon avait sauvé son nom, il avait perdu sa santé.

Charles Philipon a poussé jusqu'à soixante-deux ans cette vie de travail sans repos et d'incessante production. Il ne s'est pas arrêté un instant, même pendant ses quinze dernières années, qu'un mal cruel et opiniâtre lui disputait minute à minute.

Si intéressante que soit l'œuvre du polémiste dessinateur et parfois aussi écrivain, le plus remarquable côté de cette organisation privilégiée fut sans contredit sa merveilleuse faculté de vulgarisation. Il possédait plus que personne au monde la première des qualités du journaliste et du spéculateur, cette faculté qui ne s'acquiert point et que peut seulement compléter la communion permanente entre le publiciste et le public : je veux dire le sentiment des probabilités vis-à-vis de la chose qui doit être dite et faite.

Cette faculté précieuse, ravivée sans cesse et comme couvée par la passion politique toujours fervente, devait nécessairement mettre Philipon à la tête de tout ce qui, à notre époque, a tenu la plume ou le crayon de la satire. C'est ainsi que Philipon a indiqué leur voie ou donné leur formule à presque tous les artistes de ce genre. C'est ainsi que, depuis Charlet jusqu'à Gustave Doré, — ce merveilleux génie qu'il devinait le premier dans un collégien de seize ans, — nous voyons successivement ou simultanément s'enrôler dans l'étincelante phalange qu'il conduit Granville, Johannot, Daumier, Gavarni, Cham et tant d'autres plus humbles.

Doué d'un flair unique en cette science spéciale des aptitudes, comme aussi d'une prodigieuse lucidité dans les affaires proprement dites, il avait une inépuisable fécondité de moyens et d'invention. Sans égal pour deviner la chose à faire, où tirer parti de la chose faite, d'une netteté de coup d'œil et d'une rapidité d'exécution sans pareilles, il a étonné et déconcerté les plus jeunes et les plus ardents jusqu'à la dernière heure de ses soixante-deux laborieuses années.

Une personnalité si accentuée et énergique ne pouvait être qu'absolue et même absorbante, ce que le plus ombrageux eût oublié au charme attrayant et persuasif de la figure et de la parole de Philipon. Il était peut-être quelquefois trop de son avis, dirais-je, si nous ne vivions en une époque où l'on rencontre tant de gens qui ne sont pas assez du leur.

Sa parole était claire, facile, pittoresque, aidée en outre, comme je le disais, et servie à souhait par la plus expressive, la plus sympathique figure. Philipon avait été dans sa jeunesse d'une beauté citée,

PHILIPON
D'après une photographie de Nadar

et, dans ses dernières années, les passants s'arrêtaient pour regarder ce grand vieillard un peu voûté, aux longs cheveux blanchis, dont la physionomie ouverte et bienveillante ; en même temps que pleine de finesse moqueuse, rappelait dans ses grandes lignes le masque de Voltaire moins la mièvrerie. On le suivait du regard, cet homme qui, d'une plaisanterie, ébranlait autrefois un trône, dont le nom avait éclaté d'une popularité sans rivale, et qui, pour distraction unique et jouissance quotidiennement savourée, venait suivre, mêlé aux plus humbles, la canne derrière le dos, les parties des joueurs de boule des Champs-Élysées.

Je me lève en cette veillée — la dernière, hélas ! — et je contemple une dernière fois les traits de notre vieil ami, cette bonne et chère figure sur laquelle le regard aimait tant à se reposer. Je vois dans ce masque, à jamais calme enfin au bout d'une existence si agitée, non pas les affres de la mort, mais la paix éternelle que lui méritait le repos de sa conscience après une vie bien remplie.

S'il y eût jamais une âme bien trempée, ce fut assurément celle-là. Cet honnête rieur, plus sérieux que tous ces graves, qui traversa tant d'événements, c'est-à-dire tant de lâchetés, de défections et de trahisons, resta jusqu'au souffle suprême inébranlable dans sa politique ; sans forfanterie comme sans peur. De ses premières opinions, restées les dernières, l'âge avait à peine adouci l'expression que sa philosophie railleuse et douce voulait bien mesurer aux oreilles de ce temps-ci. Il est certes resté jusqu'à la fin implacablement jeune par l'indignation et le mépris : *Æternus quia impatiens.*

Mais ce qui me touche plus profondément encore, c'est cette bonté infinie que l'on trouvait en lui, bonté effective j'entends, toujours prête à l'aide réelle par la bourse, par les démarches, par les conseils, — les meilleurs que l'on pût suivre. Il avait une préoccupation continuelle et inquiète des autres; plein de sensibilité, s'attendrissant à chaque infortune, et je vois encore son œil se mouiller quand on venait lui parler de quelque infortune. Ah! les paroles n'étaient pas longues !... — La dernière fois pour moi, c'était, il y a deux mois, à propos d'une vente au profit d'un peintre devenu fou et d'une femme dévouée : « Qu'elle envoie chez moi ! » dit-il au premier mot. L'avant-veille même de sa mort, il y a quatre jours, il confiait à sa femme — sa veuve aujourd'hui ! — et à son fils un projet de commande dont il n'avait assurément que faire et dont le chiffre eût fait reculer d'un saut de bien plus riches; mais ce projet assurait à un pauvre artiste la vie pour un an!..

Il semblait, et depuis bien longtemps, que plus il

vivait, plus il aimait à faire le bien, semblable à ces vins généreux qui deviennent meilleurs encore à mesure qu'ils vieillissent. J'en atteste même les ingrats qu'il a pu faire.

Charles Philipon est mort d'une hypertrophie du cœur. Son cœur prenait *trop de place*, ont dit les médecins. Ils avaient raison[1].

---

[1] Nadar, *Journal amusant*, 1er février 1862.

PIGAL

La génération actuelle s'inquiète médiocrement de Pigal, le doyen des caricaturistes, qui pourtant représente un des côtés de l'ancien esprit français : la joie.

On peut comparer Pigal à Paul de Kock. Ils ont tous deux un comique communicatif et sans prétention, un mépris du distingué qui a servi à leur développement.

Si l'un imprime le gros mot, l'autre le dessine, non par immoralité, mais le conteur et le peintre ont osé rire des choses dont riaient nos pères.

Je plains ceux qui ne s'amusent pas de l'éternelle culotte qui revient à tout propos dans l'œuvre de Paul de Kock. Aussi n'ai-je jamais lu *l'Homme aux trois culottes*, réservant ce roman pour des jours de spleen ou de maladie.

On voit fréquemment dans les premières lithographies de Pigal d'audacieux galopins déboutonnés, qui se plantent avec effronterie à la porte de l'épicier ou sous l'échelle du peintre en lettres; ils ne respectent même pas la baraque de l'écrivain public.

Charlet, qui fut de ce temps de comique facile, se plaisait également à reproduire les mêmes scènes. Mais Pigal a plusieurs crayons à son manche. Tour à tour il a dessiné les petits bourgeois, des scènes de barrières, relevant les mœurs du ruisseau par une pointe de philosophie; par là il appartient à l'école du Caveau, qui chante le vin, l'amour, le jeu, avec la conclusion obligée:

>Quand on est mort,
>C'est pour longtemps.

Gens heureux, enseignant et pratiquant tout à la fois.

C'est dans les lithographies de Pigal qu'il faut étudier l'histoire du costume vers la fin de la Restauration : étant plutôt des études de mœurs que des caricatures, les personnages jeunes, avec la prétention de porter la dernière mode, on retrouve les fameuses manches à gigot dans les habits des hommes, les pantalons à coupes extravagantes de 1828, les *bouffants* et les *toques* des dames, galettes à carreaux mises en honneur par le grand succès de *la Dame blanche*.

Pigal n'aime pas le monde, autre point de ressemblance avec Paul de Kock. Un dessin représente de bons bourgois qui dînent au Cadran-Bleu. Après le dîner ils se lavent les mains et se rincent la bouche dans des bols en verre. Pigal, que désespère cette coutume, écrit en bas de l'estampe : « *Les gorets !* »

Ces esprits gais sont troublés en voulant sortir de leur manière. Pigal manque d'entrain quand il fait voir un homme qui s'introduit un canon de pistolet dans la bouche. La *loterie* est représentée par un homme qui se pend à la lanterne même de l'établissement. Mais la planche la plus philosophique de toute l'œuvre est intitulée : *Vanité des vanités !* Un homme grimpé sur les hauteurs du Père-la-Chaise, regarde tour à tour la ville qui remue et la ville qui dort. En bas tout est bruyant, en haut tout est calme. Ne voulant tenter à ce propos aucune antithèse sur la vie et la mort, je fais cadeau de cette bascule de phrase aux écrivains aux abois.

Il y a du charme dans quelques figures de femmes de Pigal ; mais les légendes de ses dessins sont par trop naïves quand il met les chiffonniers en opposition avec les élégants. Innocent et sans fiel, quoique prenant trop souvent parti pour la canaille, n'ayant pas donné de gages à la caricature politique de 1830, alors qu'elle était sanglante, sensible aux malheureux, prenant le parti de l'amour jeune contre la débauche vieille, à l'affût de tout cotillon qui trotte, Pigal me fait penser aux comiques chéris du parterre de leur province, qui, apparaissant aujourd'hui sur un théâtre parisien, étonneraient profondément le public par le spectacle de ce qu'on appelait jadis « un jeu plein de rondeur. »

Pigal a peint nombre de tableaux grotesques : le *Portier qui bat sa femme* et le *Retour de la campagne*. Il a longtemps partagé avec Horace Vernet les honneurs de la gravure à la manière noire.

A cette heureuse époque tous les badauds s'intéressèrent au portier ivre qui veut rentrer dans sa loge ; la portière a fait de la commode une barricade, et la grosse personne s'appuie en forme de cerceau sur la porte. La porte fléchit ; déjà le bras du mari passe, et, au bout de ce bras, un balais menaçant !

Le *Retour de la campagne* fait pendant et se voit

habituellement dans les salles à manger de province.

O Paul de Kock, tu passes rarement un jour sans t'arrêter devant l'enseigne d'un marchand de papiers peints du boulevard du Temple, qui représente un petit galopin relevant sa chemise pour introduire dans la marmite un liquide malsain, et tu n'as pas fait peindre, grand comme nature, le bourgeois qui revient de la campagne, plein de gaieté, et a mis sur sa tête la capote rose de son épouse? Est-ce que le chantre de *Monsieur Baisemon* ne trouverait pas à son goût la mercière qui se coiffe triomphalement du feutre de son mari?

O Paul de Kock! il fallait nommer Pigal ton peintre ordinaire ou lui dédier un livre. Tu ne l'as pas fait, tu es un ingrat!

GRANDVILLE

Fils d'un miniaturiste, Grandville porta dans l'art satirique la petitesse et la patience d'un art qu'il avait étudié dans sa jeunesse, à la maison paternelle. La pratique du petit semble aux ignorants la plus précieuse des qualités. Du vivant de Rembrandt, il se trouve un misérable nain, un Gérard Dow qui lui tient tête, et par ses mesquins détails l'emporte auprès des *connaisseurs* sur les grands partis pris du géant hollandais.

Celui-là a bien jugé Grandville, qui parle de « sa forme correcte et positive, aride même [1]. » Un

---

[1] *Grandville*, par Charles Blanc, 1 vol. in-12. Paris, 1855.

autre ami de Grandville, M. Édouard Charton, parle de « son intelligence laborieuse, » et ces deux écrivains donnent la véritable mesure d'un artiste qui, relativement, conquit vite sa réputation.

Quelques-uns des premiers dessins de Grandville sont réellement comiques, plus ingénieux et plus naïfs que ses froides illustrations de la Fontaine. Un employé tranquille avec une tête de mouton, le glouton avec une face de crocodile, le sergent de ville avec un museau de bouledogue, le coiffeur

bavard avec une tête de perroquet, furent, vers 1828, des inventions qui faisaient sourire tant qu'elles ne devinrent pas une manière et une spécialité. L'artiste y mettait la fleur de son talent, peu de prétention, une recherche suffisante et point trop approfondie des détails. Ce fut un heureux début.

Mais quand Grandville collabora aux journaux satiriques qui s'étaient donné pour mission de battre en brèche la popularité du roi-citoyen, il fit des dessins démocratiques, je l'accorde; comiques, point. Ses *Processions politiques* appartiennent à l'enfance de l'art; il ne manque aux personnages que des banderoles explicatives sortant de la bouche. Plusieurs de ces planches contiennent cent acteurs divers; avec le même système, Grandville eût pu en dessiner dix mille. Pas de groupes. Des silhouettes à la queue-leu-leu, pointues et baroques, des personnalités haineuses et cruelles, des ombres chinoises sanglantes et compliquées.-Double fatigue pour l'œil et la pensée.

Un critique qui a vu les dessins originaux d'après lesquels furent gravées ces compositions, donne idée de la pensée pénible de Grandville : « On ne saurait imaginer la peine que lui coûtait la moindre de ses figures; il y dépensait un temps incroyable, une patience de bénédictin. Nous avons vu de lui, chez M. Philipon, des dessins qu'il avait découpés soigneusement pour les coller sur une autre feuille où il les corrigeait plus à l'aise, ajoutant par exemple une rallonge au nez de M. d'Argout, retouchant le faux-col d'un éléphant, mettant des sous-pieds au pantalon d'un lapin. »

Conscience poussée à l'extrême d'un esprit consciencieux, mais plus méticuleux encore que consciencieux, plus tatillon que méticuleux.

La majeure partie de son œuvre semble dessinée avec le tire-ligne d'un architecte; ses gravures sont aussi propres qu'un plan. Cette œuvre compliquée fait penser aux rouages des montres, et Grandville me semble un horloger.

Ce n'est pas chez les natures ironiques qu'il faut chercher la représentation des délicatesses féminines. Grandville n'a vu la femme ni laide, ni flétrie, ni ridicule, ni coquette, comme certains satiriques; il ne l'a pas vue du tout. On en pourrait inférer que Grandville n'aima jamais. Les biographes parlent de sa première femme, Marguerite-Henriette Fischer, qui lui servait de modèle pour la France, et d'une de ses compagnes, dont il reproduisit les traits pour rendre la figure de la Liberté.

Je cherche ces influences de l'épouse et de l'amie : partout je vois d'éternelles poupées froides et glaciales.

Le recueil favori de Grandville était le *Magasin pittoresque*; il y a publié des scènes philosophiques, car il devint caricaturiste à idées, croyant sans doute moraliser les masses par des sujets à pendants : le *Bon Riche* et le *Mauvais Riche*, le *Carnaval du Riche* et le *Carnaval du Pauvre*, antithèses vulgaires dont l'art s'accommode médiocrement.

Le moraliste voulut être doublé d'un artiste *fantastique*. C'est encore une maladie des êtres laborieux : ces *travailleurs* s'imaginent que la fantaisie s'apprend ou s'inculque par la volonté. Sans doute quelques caprices furent tirés laborieusement d'un fonds rebelle et même le public sut gré à Grandville de certains essais ingénieux, mais le plus enthousiaste de ses amis, M. Clogenson, montre par un fait jusqu'où peut s'égarer la pensée raisonnable :

« Un soir il était au milieu de ses amis : l'un d'eux jouait de la guitare, — une corde vient à se casser, un son étrange s'échappe de l'instrument, — Grandville semble le chercher du regard dans l'air; — il est ému, — on lui demande ce qu'il a, — les paroles lui manquent pour exprimer ce qu'il éprouve, — alors il prend un pinceau, de la sépia, et entreprend de peindre ce qu'il ne peut dire. Au bout de quelques minutes sa pensée est sur le papier... Une énorme guitare, montée sur des roues comme un chariot, est traînée par des diables à travers des blés; — une corde est brisée, et les notes s'élancent vers le ciel. »

L'écrivain qui rapporte l'anecdote[1], trouve du charme, de la poésie dans chaque coup de pinceau. Cette fantaisie est peut-être de celles dont un poëte pourrait tirer parti ; mais le crayon est incapable de rendre de telles sensations, et ne voit-on pas par quel symbole grossièrement matériel cette idée se trouve tout à coup transformée plastiquement ! Grandville « l'avouait lui-même, dit M. Clogenson, à force de considérer les choses dans une abstraction, il en était venu à n'avoir plus, à de certaines heures, la juste perception des objets, il ne les voyait plus sous leur apparence réelle. » Aussi Grandville fut-il obligé d'avoir recours à un art étranger pour l'explication de ses dessins. Deux compositions qu'il publia dans le *Magasin pittoresque*, peu avant sa mort, demandent chacun *cent* lignes de texte. Encore, quand on étudie ces légendes, suit-on péniblement le fil des idées. *Crime et expiation*, sujet funèbre comme un cauchemar, indique un esprit malade. Fontaine de sang, croix, glaive, grands yeux qui tombent dans la mer pour se transformer en poissons, tel est l'aspect sinistre de cette chose, qui peut être comparée à des croquis d'aliéné.

On sent le besoin de reporter ses yeux sur quelque fragment antique, pour oublier ces funèbres

---

[1] *J. J. Grandville*, par S. Clogenson. Alençon, 1853, in-8°.

impressions; le beau dans sa grandeur peut seul reposer de ce symbolisme morbide.

Voilà pourquoi, tout en constatant la faiblesse des organes cérébraux que l'artiste fatigua outre mesure, je préfère ses œuvres de jeunesse à celles de sa maturité. Grand danger pour certaines natures que de vouloir approfondir et réduire à l'état de science ce qui était sentiment et instinct!

Grandville entreprit de revenir sur la *Danse des morts* et d'en faire une fresque parisienne moderne. Ce n'était certainement pas un homme de génie propre à lutter avec Holbein; mais son crayon patient et ingénieux suffisait au besoin à la tâche.

La série du *Voyage de l'éternité*, contenant huit pièces et un frontispice, ne sera pas longue à analyser, quelques planches seulement méritant attention.

Ce sont des conscrits qui chantent à tue-tête, conduits à la guerre par un tambour-major macabre. — Des gourmands sont attablés, dignitaires civils et religieux, auxquels la Mort en cuisinier apporte un plat de son invention. — Un pharmacien livre des drogues aux nombreuses pratiques qui attendent; dans un coin de l'officine, la Mort, en garçon pharmacien, ricane en pilant d'étranges substances dans un mortier. — *Monsieur le baron, on vous demande*, dit un domestique à un personnage emmitouflé au coin du feu. — *Dites que je n'y suis pas*. Mais la Mort est là, implacable, à la porte, le crochet sur le dos, qui va enlever le baron à son *far niente*.

De cette série la planche la mieux venue est la suivante : — *Voulez-vous monter chez moi, mon petit monsieur, vous n'en serez pas fâché*. Telle est la légende de cette ingénieuse et morale composition que les vieux tailleurs en bois du moyen âge n'avaient pas indiquée.

La Mort, au coin d'un carrefour, fait des agaceries aux passants. Tenant à la main un masque souriant qui cache sa mâchoire édentée, elle retrousse le pan de sa robe et apparaît aux débauchés à la nuit tombante avec un bonnet couvert de rubans.

On a prononcé le nom de Juvénal à propos de cette composition ; en effet l'idée est hardie, présentée sans voile et pourtant sans danger.

Le public ne goûta pas le *Voyage de l'éternité*. La faute vint sans doute d'un frontispice funèbre où la Mort, en conducteur, invitait passants, juges, prêtres, banquiers à monter dans un omnibus accéléré, en partance pour le Père-Lachaise.

Idée chrétienne, on peut le dire sans se payer de mots, car l'antiquité ne voulut pas savoir ce qu'était un squelette. Les Grecs n'en accusent ni représentation peinte, ni sculptée, et les rares mo-

numents qui existent doivent être attribués aux enseignements du Christ.

Ce fut seulement au moyen âge que se dansa le grand branle funèbre, en signe de révolte du peuple. Tout ce qui était noble, riche, élevé, heureux et beau, le moyen âge le fit entrer dans l'humoristique danse. Ni la pourpre, ni l'étole, ni le sceptre, ni la puissance n'échappèrent à la ronde. Le sinistre ménétrier, d'un coup de faux, renversait trônes et empires, beauté et réputation, implacable pour les heureux de la terre, ricanant d'un rire sarcastique lorsqu'il posait la main sur quelque riche proie, et se plaisant, dans sa rage égalitaire, à apparier les gourmands aux affamés, les riches aux pauvres, les grandes dames aux filles de joie, les empereurs aux bûcherons.

Voilà certes un symbole clair, d'une gravité si attachante que plus d'un artiste fut tenté de représenter la funèbre personne qui jouait le rôle de bouffon dans la comédie.

De nos jours le public est froissé de cette représentation.

Les esprits sont-ils affaiblis qu'ils craignent, comme les populations méridionales, l'image de la mort?

La représentation de la mort est antipathique à nos débiles tempéraments, cela est évident. Aussi, quoiqu'on réimprime en Allemagne, en Suisse, en France des fac-simile de *Danses macabres*, chères aux bibliophiles, c'est dans les rayons secrets des bibliothèques que sont confinés ces ouvrages, en compagnie des volumes licencieux, et ce n'est qu'avec d'infinies précautions qu'il est permis d'aborder ce thème.

Peu préoccupé des modes du jour, j'insiste sur un sujet qui m'a frappé dans l'œuvre de Grandville.

Les scènes d'animaux ont consacré sa réputation. En face des représentations symboliques de l'Égypte ancienne, les graves érudits eux-mêmes murmurent son nom, attaché plus profondément que ceux de Teniers, Watteau, Kaulbach à la suture de l'homme et de l'animal; mais là où Grandville a été le plus hardi, lorsqu'il entreprit de moderniser la danse des morts, le public ne l'a pas suivi.

GAVARNI

Il est difficile aujourd'hui d'apprendre au public quelque particularité nouvelle sur l'œuvre de Gavarni, tant d'écrivains ayant pris pour thème ce représentant de l'élégance.

Gavarni eut la bonne fortune d'être accepté vite de la foule qui, par les premiers dessins de modes et de bals masqués, devina que l'homme, loin d'être un observateur austère et chagrin, était au contraire prêt à s'ingénier en motifs d'amusement et de galanterie.

L'artiste sortait d'un cabinet d'ingénieur, et sans doute une réaction contre les lignes géométriques produisit ces contours gracieux dont par son crayon toute femme fut douée.

Peut-être aussi le groupe des caricaturistes contemporains de Gavarni ne fût-il pas sans influence sur son talent. C'était, dans les premières années du règne de Louis-Philippe, une guerre à mort de la caricature contre la royauté. Une nature faible et moutonnière eût suivi le courant; mais c'est la marque des esprits délicats que de protester à leur manière en prenant le contre-pied.

Le vent était à la politique, Gavarni s'en écarta prudemment. On demandait des hardiesses aristophanesques; le crayon du peintre de mœurs fut taillé avec tant d'ingéniosité qu'il n'égratigna jamais personne. Des yeux ardents et taquins étaient braqués sans cesse vers la cour, Gavarni porta les siens vers la ville. Une fièvre de plaisirs et de jouissances s'était emparée de la jeunesse, Gavarni traduisit ces folies en en déguisant les suites.

Il y a de l'Auber dans ce peintre de mœurs qui sut rire spirituellement de tout à la façon de l'auteur du *Domino noir*. Quand ces artistes ont à peindre des rides, toujours quelque charme y est tapi. Heureuses natures dont la raillerie laisse un son argentin dans l'oreille.

Aussi l'homme fut-il toujours bien traité par la critique modérée, qui, effrayée de l'art robuste de

Daumier, se retranchait derrière les élégances de bal masqué de Gavarni.

Pendant vingt ans Gavarni et Daumier remplirent les journaux satiriques de leur féconde production. C'étaient deux forces de diverse nature qui se servirent dans leur individuelle affirmation et pourtant n'empruntèrent jamais rien l'une à l'autre.

L'étoffe qui ne déteint pas est de bonne qualité.

L'un peignait la vie de jeunesse, les étudiants, les grisettes; l'autre de sa forte poigne ne lâchait pas la bourgeoisie.

Les folles nuits de l'Opéra, les galanteries du quartier Notre-Dame de Lorette étaient le partage exclusif de Gavarni, qui créait une langue à lui, des attitudes à lui, des mots à lui.

Daumier sondait les couches plus basses : les gens sans le sou, les pauvres, les chevaliers d'in-

dustrie, les industriels qui n'étaient pas chevaliers.

Femmes du monde et dandies imitaient les poses des héros de Gavarni. Son esprit faisait école et plus d'une actrice a étudié la langue française dans ses légendes.

Le crayon brutal de Daumier, écrasé sur la pierre

par une main virile, rendait sans cesse des traits grotesques et grimaçants.

Les deux peintres gagnèrent au voisinage de chaque jour dans le *Charivari*. Leur nature propre s'y développa. Gavarni abandonna rarement le terrain de l'élégance, et Daumier ne fit aucune concession pour adoucir sa mâle personnalité.

Gavarni devait rallier à lui les femmes, les jeunes gens, les esprits qui veulent être amusés par un sourire. Tout était piquant dans les dessins de celui qui avait su poétiser jusqu'à la gravure de modes; aussi le peintre des élégances de la vie parisienne, de la soie, du velours, des amourettes, de la vie facile, fut-il payé de son vivant par une nation coquette, qui aime qu'on la montre sous son beau côté.

Daumier était un philosophe rude : pour les natures superficielles son crayon *mastoc* pénétrait trop brutalement dans la représentation des vices. Comme Daumier ne peignait que des gens du commun, on trouva son génie commun.

Gavarni composait avec un soin extrême ses petits proverbes à la Musset. Légendes et dessins, issus du même cerveau, sont inséparables les uns des autres.

Daumier entassait à la hâte, dans des nuits fiévreuses, des planches arriérées, obéissant quelquefois à des textes imposés, quelquefois jetant au hasard des silhouettes d'après lesquelles des gens d'esprit composaient des légendes comiques.

Les railleries à fleur de peau de Gavarni ne blessaient personne. Les marchandes d'amour, qu'il a appelées des *partageuses*, montrent le vice séduisant. Gavarni tient pour la femme contre l'homme, pour la jeunesse contre l'âge mûr, pour le joli contre le laid. Ses Maris trompés sont présentés avec une pointe d'esprit qui chasse toute amertume : *Les maris me font toujours rire.* Pour Gavarni (je parle du Gavarni des vingt premières années), la vie est une sorte de carnaval où la jeunesse et l'amourette triomphent.

Daumier fait penser; Gavarni fait sourire.

Gavarni était aussi sincère que Daumier, tous deux obéissant à leur nature; mais le premier fut préoccupé surtout des élégances parisiennes. Le drame curieux qu'offre une femme seule foulant rapidement le trottoir de sa fine bottine, suffisait à cet esprit ingénieux qui dans une nuance de robe, dans une voilette rabattue, savait indiquer une aventure galante.

Daumier ne se pique pas de galanterie; quoique d'accord sur nombre de points avec le sentiment moderne, il appartient à la race des anciens caricaturistes qui n'ont pas craint de représenter la femme aux prises avec la misère. Le rôle de la femme, suivant Gavarni, consiste à endiabler

l'homme et à le faire sauter, comme ses écus. Le génie de Daumier est peuple, celui de Gavarni gentleman.

Gavarni devait rallier plus d'un enthousiasme dans une société où la vie est tellement hérissée de difficultés que l'homme est rarement ingrat pour celui qui l'amuse. Quant à celui qui le fait rougir de ses laideurs, c'est une autre affaire.

Dans l'antiquité, un cuisinier était payé des sommes considérables, un courtisan touchait de gros appointements, et le philosophe attaché à la maison ne recevait que quelques oboles.

Que Daumier ait à peindre une femme tombée au bas de l'échelle, une chanteuse célèbre jadis, obli-

gée de demander à sa guitare le pain de chaque jour, il ne reculera ni devant les joues hâves, ni devant la détresse qui a creusé les yeux : cette femme qui traîne dans un carrefour des restes d'opulence est condamnée à la misère. Une chiffonnière de la place Maubert, représentée par Gavarni, conserve toujours quelque élégance; ses haillons, à l'insu du peintre, ne font pas froid, et si la misère lui a donné de la philosophie, ce sera toujours une philosophie qui sent l'esprit de coulisses.

On ne saurait continuer plus longtemps ce parallèle entre Daumier, dont la force principale est dans la réalité, et Gavarni, qui apporte tant de composition dans ses légendes. Et un ami du peintre a montré l'importance qu'attachait l'artiste au texte, en recueillant toutes ces légendes dans un volume qui eût pu s'appeler l'*Esprit de Gavarni*[1]. Petites scènes à la Carmontelle, proverbes en deux phrases, quelquefois en un mot, au-dessus desquels les personnages se présentent comme des acteurs pour donner du relief au dialogue, aimable association qu'il serait délicat de rompre.

Je regarde avec attention les dessins de Gavarni, alors qu'une teinte de misanthropie n'est pas attachée aux propos de Thomas Vireloque. La bassesse, la laideur, la pauvreté de quelques-uns des personnages de cette longue comédie sont traitées légèrement, comme si l'artiste craignait d'effaroucher son public par un triste spectacle. L'élégance attachée à son crayon embellit les vieilles gens et les pauvres, et je pense à Watteau qui eût été fort embarrassé de peindre des gueux.

---

[1] *Masques et visages*, 1 vol. in-18. Paris, Paulin, 1857.

Telle fut d'abord la nature de Gavarni, qui de la femme ne voyait que la grâce. Quel abîme le sépare de ces grossiers caricaturistes de la fin de l'Empire, qui se plaisaient à des platitudes, des luttes dans le ruisseau, des scènes de garde-robe! Même Henry Monnier, qui fut le trait d'union entre l'école des faubourgs et l'école de la bourgeoisie, laissa le champ ouvert aux spirituelles compositions de Gavarni. Les jolis cavaliers du peintre, habillés avec un tact exquis par Humann, ont alors créé une race de dandies qui s'étudiaient à porter galamment l'habit noir si contesté, et d'un simple domino Gavarni fait une merveille comparable aux masques charmants du Vénitien Petrus Longhi.

« Faites des comédies sur les comédies de ce monde, écrivait l'aimable cardinal de Bernis à Voltaire ; conservez votre gaieté comme la prunelle de l'œil, elle est le signe de la santé et de la sagesse. »

Je pense à Gavarni en lisant ce passage. Il en est tant qui boudent contre le plaisir pour se donner l'apparence d'hommes graves.

Ce sont quelquefois les hommes qui ont sondé le plus profondément les misères de la vie, de la fortune ou de la passion, qui cherchent à amuser le public, et un physiologiste fait remarquer à ce propos que la volonté de rire extérieurement amène déjà le rire intérieur, excellente observation qu'on oublie d'enseigner au collège.

Un artiste mélancolique, par cela même qu'il peint des scènes agréables, en arrive à oublier momentanément ses tristesses. Dickens a avoué que, pour amuser les autres par ses inventions, il fallait qu'il s'en amusât d'abord lui-même.

Aussi il est rare que le public ne soit pas reconnaissant de cette bienheureuse gaieté dont il a tant besoin lui-même. C'est ce qui fit l'immense succès de Gavarni, dont on voulut faire tantôt un rival de Balzac, tantôt un moraliste. L'artiste a trop d'esprit pour se prendre à ces piéges. Contemporain de Balzac, il n'a de commun avec lui ni son allure robuste, ni sa profondeur, ni ses tourmentes, ni ses visions, ni ses visées. Quant à ce qui touche les qualités de moraliste du peintre de mœurs, j'en laisse l'explication à un poëte qui croit qu'honorer les artistes c'est les juger avec indépendance.

« Gavarni n'est pas essentiellement satirique ; il flatte souvent au lieu de mordre ; il ne blâme pas ; il encourage. Il est légèrement teinté de corruption. Grâce à l'hypocrisie charmante de sa pensée et à la puissante tactique des demi-mots, il ose tout. D'autres fois, quand sa pensée cynique se dévoile franchement, elle endosse un vêtement gracieux, elle caresse les préjugés et fait le monde son complice.

Que de raisons de popularité ! Un échantillon entre mille : Vous rappelez-vous cette grande et belle fille qui regarde avec une moue dédaigneuse un jeune homme joignant devant elle les mains dans une attitude suppliante ? « *Un petit baiser, ma bonne dame charitable, pour l'amour de Dieu, s'il vous plaît.* — « *Repassez demain, on a déjà donné à votre père ce matin.* » « Ces coquins-là sont si jolis que la jeunesse aura fatalement envie de les imiter, » dit Baudelaire.

Gavarni vaut mieux qu'un moraliste ; l'humour l'entraîne à ses heures, et M. Sainte-Beuve a cité dernièrement, dans une étude sur le peintre envisagé surtout comme écrivain[1], un morceau que Voltaire eût volontiers signé.

Dans quelle image est la beauté ? Telle est la discussion qui s'élève sur un navire entre des passagers désœuvrés :

« La beauté, c'est ma mie, dit l'écolier, le bonheur est dans l'amour.

« — Le bonheur est en campagne, dit le soldat ; rien n'est beau comme un cavalier, le sabre au poing.

« — Si ce n'est un coffret plein et bien gardé, répond l'avare.

« Au tour du laboureur : — Ce qui plaît le mieux à nos regards est un champ d'épis jaunes.

---

[1] *Gavarni.* (*Constitutionnel*, 12, 19, 26 octobre 1863.)

« Mais le poëte : — C'est de laurier que la beauté se couronne. Par Apollon ! point de bonheur sans la pensée.

« Le joueur de flûte : — A quoi bon la pensée ? sait-on ce que dit le rossignol ? on l'écoute.

« Et le peintre : — La beauté n'a point d'images : c'est une image.

« — La beauté, affirme le philosophe, c'est la vérité.

« — C'est le succès, s'écrie le partisan.

« — Oui ! ajoute l'aventurier, une belle fille au sein nu ; elle tient les dés du joueur heureux.

« — Oh ! fait le marchand, le bonheur ne joue pas, il calcule.

« Le moine vient à son tour : — L'heureux croit, mes frères, la beauté prie.

« Mais tout à coup : — Malédiction ! — C'est la voix du maître qui vient effrayer les chanteurs : — Malédiction ! taisez-vous... serrons la voile !

« Pour le marin, la beauté, tête de bois, rit à la poupe du vaisseau quand on rentre au port après l'orage.

« Et, en cet instant, une troupe de joyeux requins suivaient dans le sillage et pensaient entre eux : — Rien n'est beau comme une galère qui va sombrer en mer toute pleine de passagers. »

J'ai dit Voltaire, je me reprends. On croirait lire

la traduction d'une poésie d'Henri Heine. De tous les essais littéraires de Gavarni, celui-ci est le mieux venu, le plus complet, celui qui trouvera place plus tard dans quelque anthologie.

Une page humoristique réussie c'est beaucoup; le crayon de Gavarni en a tracé des milliers qu'il faut pourtant résumer.

C'est dans la classe des gens d'esprit tels que l'auteur du *Sopha* que je range Gavarni, car il a donné quelque idéal à la bourgeoisie de son temps, agenouillée devant un sac d'écus. Aux étudiants il disait : Aimez, chantez, dansez, vous avez le temps d'étudier le manuel du *Parfait notaire*. Aux lorettes

il donna le conseil de se moquer des gens de Bourse qui croient que l'amour s'achète tout fait; il inventa un gai catéchisme poissard plein d'impertinences de coulisses que les protégées récitaient aux protecteurs à gros ventre, et de l'amour, de l'amitié, de la jeunesse, de la beauté, de l'âge mûr, de la vie enfin il fit une farce amusante dont l'argot est re-recouvert d'un brillant vernis.

Dans le joli, Gavarni a apporté un sentiment particulier, une façon de voir nouvelle, une coloration qui lui est propre. Et déjà son œuvre est curieuse à consulter comme l'expression d'un peintre de mœurs épris d'idéal élégant dans une époque bourgeoise.

CONCLUSION

Les hommes sérieux (je dis *sérieux* comme la Bruyère disait *dévots*) médisent de la caricature et ne savent quelles rigueurs invoquer contre elle. C'est ce qui m'a fait prendre sa défense dans ces deux volumes, sans cacher toutefois les torts d'un art qui, placé sur un terrain déjà étroit, court risque d'être entraîné dans les chemins voisins qui sont ceux de la haine et de la calomnie.

On me demande quel sera le rôle de la caricature dans l'avenir, si le poli des mœurs ne la fera pas disparaître?

— Est-il nécessaire, dit-on, que, dans les commotions politiques, elle attise la discorde?

Le rôle de la caricature est éternel.

Les mœurs peuvent se policer, mais des nuances ironiques ne s'en glisseront pas moins sous des crayons plus délicats en apparence.

Pour ceux qui craignent d'être égratignés par la caricature, il est un moyen d'échapper à ses griffes.

L'homme a en lui la faculté de s'améliorer; il lui est donné également de s'embellir.

En pleine possession de sa physionomie, il peut en changer l'ensemble, atténuer certains détails ou en paralyser l'effet.

Pour bien faire comprendre ma pensée, je dis qu'un homme peut modifier la forme de son nez par des pressions morales, comme certains peuples sauvages changent la forme du crâne des enfants.

Si toute basse passion inscrit son passage sur le masque, il en est de même de toute grande qualité.

Là où l'ensemble des qualités l'emporte sur de misérables passions, l'homme devient *beau* et échappe aux crayons sarcastiques.

Tout être assez fort pour ne pas se laisser garrotter par de mesquines ambitions, la vulgaire débauche, l'âpreté d'argent, se dépouille peu à peu de ses laideurs, fussent-elles héréditaires.

L'homme qui travaille, celui qui pense, ceux

dont la vie est bien remplie, eussent-ils en eux des germes de Vitellius, s'en débarrassent comme le papillon de son enveloppe de chrysalide.

Telle est la meilleure armure contre la caricature, armure peut-être lourde à porter; mais une gymnastique quotidienne de l'âme en rend le poids plus facile.

On a dit que la caricature avait une utilité médiocre.

Utilité rime avec peu de mots du dictionnaire des lettres et des arts. Toutefois l'anecdote suivante n'est pas sans enseignement :

La campagne de Crimée fut dure pour l'armée française, peu accoutumée au froid.

Surtout les régiments qui arrivaient, avaient peine à s'acclimater, et, pendant le long siège de Sébastopol, les nouveaux venus qui n'auraient pas craint de se battre corps à corps avec l'ennemi, ne se rendaient qu'en murmurant aux tranchées, affublés de couvertures.

Un zouave du 2ᵉ régiment, en campagne depuis l'ouverture de la guerre, imagina, pour se désennuyer, de sculpter avec de la neige les généraux de l'armée, les Anglais, les Russes ; et à voir les caprices et les bizarreries qu'il tirait de la conformation extérieure des diverses nations, on eût dit un émule de Dantan.

Ce sculpteur improvisé amusait toute l'armée. C'était chaque soir, au bivac, un gros rassemblement pour le voir pétrir, avec de la neige et de la glace, alliés et adversaires, amis et ennemis.

La vue des frileux frappa le zouave, et il entreprit de modeler des groupes de soldats transis, offrant un si comique caractère de froidure et de mauvaise humeur que, guéris par les rires de l'armée, les nouveaux venus, reconnaissables aux numéros de leur régiment, mirent de côté doubles paletots et couvertures.

Désormais, les plaignards, qui se rendaient aux tranchées en maugréant, redevinrent des soldats vifs, alertes, vraiment français.

Ils rougissaient de leur caricature.

Ce jour-là la caricature eut son utilité.

FIN

TABLE

Préface............ v

ROBERT MACAIRE.

Honoré Daumier............ 3

MAYEUX.

C. J. Traviès............ 193

MONSIEUR PRUDHOMME.

Henry Monnier............ 255

APPENDICE.

Philipon............ 274
Pigal............ 282
Grandville............ 287
Gavarni............ 299

Conclusion............ 315

www.ingramcontent.com/pod-product-compliance
Lightning Source LLC
Chambersburg PA
CBHW060635170426
43199CB00012B/1564